I0817247

BIBLIOTECA DELL'EDIZIONE NAZIONALE
DEL CARTEGGIO DI L. A. MURATORI

XVI

LODOVICO ANTONIO MURATORI

PANEGIRICO PER LUIGI XIV (1693-1694)

A cura di
CORRADO VIOLA

Testo originale latino con versione italiana di
GABRIELE BURZACCHINI

Premessa di
FABIO MARRI

LEO S. OLSCHKI
FIRENZE
2025

Casa Editrice Leo S. Olschki
Viuzzo del Pozzetto, 8
50126 Firenze
www.olschki.it

Volume pubblicato con il contributo di

ISBN 978 88 222 6975 1

INDICE

PREMESSA

«Ancor le minime cose de gli uomini grandi sono anch'esse, per dir così, grandi; e se non per merito d'esse, per venerazione almeno de' lor padri si debbono stimar non poco»: sono parole di Muratori, riferite alle poesie giovanili di Dante, in una delle prime pagine del suo trattato giovanile *Della perfetta poesia italiana* (1706). E se, per la cultura italiana, riveste importanza capitale la riedizione commentata di opere della maturità già note (tra le più recenti, la *Pubblica felicità*, il *Governo della peste*, i trattati sull'«intendimento» e la «fantasia umana») o del suo carteggio (in atto dal 1975, con venticinque volumi già pubblicati), spunti utili possono venire dalla pubblicazione di scritti che Muratori lasciò inediti, per lo più appartenenti ad una fase aurorale, di affinamento della propria vocazione, stile, personalità.

Qualcuno di questi scritti, come il *De Graecae linguae usu et praestantia* del 1693, o il *De primis Christianorum ecclesiis* del 1694, era stato fatto conoscere nel XII volume (1771) delle *Opere tutte* pubblicate ad Arezzo in accordo col nipote Gian Francesco Soli Muratori; altri hanno visto la luce in epoche recenti: la *De barometri depressione*, pure del 1694, fu stampata in occasione del centenario del 1872; mentre otto *Orazioni giovanili*, attribuibili al periodo 1692-96, sono state edite e illustrate da Matteo Al Kalak nel 2017. Tra esse, quella intitolata *L'infelicità della vita* risulta, al momento, la cosa più antica presentata in pubblico dal Muratori ventenne, essendo documentata la sua lettura modenese il 30 novembre 1692.

Benemerita, dunque, la pubblicazione o ripubblicazione, con un apparato esegetico adeguato ai nostri tempi, di queste siano pur «minime cose»: come è avvenuto per la dissertazione «Dell'utilità ed eccellenza della lingua greca» accolta, con traduzione italiana a fronte e quasi duecento pagine introduttive di Vincenzo Mazzini, dalla bolognese Commissione per i testi di lingua nel 2011; e come sta avvenendo a più riprese dal 2014 a oggi, per merito del coautore di questo volume Gabriele Burzacchini, con gli scherzi maccheronici del giovanissimo *Muratorius*.

Maturato dal soggiorno milanese, e poi dalle vicende poco confortanti del suo ducato, colui che dopo essere stato maestro di «buon gusto» si apprestava a divenirlo di storiografia e molto altro, avrà buoni motivi per rinnegare questo *Panegyricus* così scopertamente adulatorio da lasciare il sospetto che fosse concepito soprattutto come esercitazione scolastica, calligrafica, da esibire a quel Bacchini cui negli stessi anni indirizzava anche epistole in latino, greco, francese, spagnolo per riceverne il plauso. È chiaro che il Muratori di allora, tutto modenese (anzi, ristretto quale precettore in un borgo di campagna), non pensava davvero di potersi esibire, alla sua età, davanti ai *proceres* francesi e al sovrano; più evidente la volontà di mostrare "in casa" la propria conoscenza dei modelli stilistici, a cominciare, come persuasivamente mostra Viola, dal Plinio juniore panegirista di Traiano (più volte citato ancora nella *Pubblica felicità*), per finire col cinquecentista Giusto Lipsio, ispiratore di Muratori quanto all'«erudizione profana».

Ma l'entusiasmo per il Re Sole, che – come ci vien fatto vedere – risaliva almeno al 1691 ed era alimentato da una costante attenzione verso le notizie d'Oltralpe, ivi comprese quelle sull'accoglienza in Francia degli spodestati sovrani inglesi Giacomo II Stuart e Maria Beatrice d'Este, si ridimensionerà dai primi anni del Settecento, quando l'occupazione francese di Modena assoggetterà i concittadini di Muratori a soprusi e umiliazioni; al punto che il panegirico, scritto nell'ottobre 1693 e tenuemente corretto fino al 1694, dal suo autore «in età più matura», fu destinato all'oblio (non però al rogo) come «Fatica giovanile. Qualche pezzo v'ha tollerabile. Il tutto nulla vale».

Eppure, lo scritto "luigiano" (notevole quest'aggettivo, che manca ai maggiori vocabolari italiani, cartacei e digitali, e con riferimento al nostro re Luigi trovo impiegato solo dal francesista Luigi Foscolo Benedetto in un saggio del 1947 poi ripubblicato nel 1953) offre più di un motivo che ne giustifica l'edizione oggi. Fa bene Viola a trovarne gli echi, soprattutto relativi alla difesa della cattolicità anche a spese degli "eretici" interni, dal *De ingeniorum moderatione* (dove il luogo di stampa parigino poteva indurre a un'acquisizione di benevolenza) fino agli *Annali d'Italia*, sebbene in questi l'entusiasmo giovanile appaia moderato dalla visione politica professata nella contemporanea *Pubblica felicità*.

Più vicina nel tempo è, come avverte ancora Viola, la consonanza tra l'approvazione tributata nel panegirico al divieto dei duelli e l'attacco a questo strumento di risoluzione dei conflitti nella *Introduzione alle paci private*, del 1703 ma edita cinque anni più tardi, contemporaneamente

alla stampa del primo volume *Delle riflessioni sopra il buon gusto*: nel cui ultimo capitolo si riprova l'«empio costume» imposto agli italiani dalle «genti più barbare incapaci di usar le pruove civili», eppure ancora propugnato da «questa che ora si chiama scienza od arte cavalleresca», o meglio, dal suo travisamento «fanatico» (il termine, insieme a *fanatismo*, ricorre in modo ossessivo in queste pagine) che sostiene tali «principî ... dal buon gusto lontani». Si stava avvicinando l'uscita del trattato *Della scienza chiamata cavalleresca* di Scipione Maffei, uno dei non molti argomenti su cui i due eruditi si troveranno sostanzialmente d'accordo.

Ma è soprattutto importante ravvisare, nelle pieghe dell'adulazione, cenni a tematiche che saranno ben altrimenti sviluppate nella *Pubblica felicità*, in primis «il mecenatismo artistico e culturale», su cui Viola ci informa. Meno presente sarà l'encomio di «gloriose imprese militari», francamente esagerato nel panegirico, mentre il trattato politico sancirà che l'espansionismo bellico è obiettivo non primario del buon principe, a differenza della «pace e tranquillità» da garantire al suo popolo.

Già nell'operetta giovanile leggiamo (c. 8*r*: per comodità mi valgo dell'eccellente traduzione) che inclinano alla guerra «quelli che la tirannide elevò al trono e dai quali dev'essere consolidato o conservato con le armi quel potere che con le armi è stato conquistato», e «hanno rinunciato alla lealtà e alla pietà per quest'unica smania» (l'allusione va forse alla *perfidia* con cui si sarebbe insediato l'attuale regnante d'Inghilterra, infliggendo peraltro l'unico smacco militare a Luigi: cc. 9*v*-10*r*); analogamente, nel secondo capitolo del trattato politico, leggeremo che «la gloria de' conquistatori» non è auspicabile se «acquistata benespesso con tanto sangue e con tante lagrime del proprio popolo e dell'altrui, e massimamente se violenta i sudditi ad impiegare le vite in non necessarie guerre, e spopola un gran paese per aggiugnere ad esso una picciola porzione».

Lo stesso capitolo si chiude con «Non s'ha da contentare il buon principe di regnar sopra i sudditi suoi: dee anche regnare nel loro cuore»; concetto ribadito nelle ultime parole dell'opera: «Così niun più bell'elogio si può formare di un principe che a cagion de' suoi benefizi appellandolo *vero amatore de' sudditi suoi*».

Questo amore verso i sottoposti era riconosciuto in Luigi XIV, non tiranno ma condottiero secondo la studiata retorica del panegirico: «Ti proponesti come esempio e, giudicando il timore un rimedio servile, facesti in modo che ti seguissero quando li precedevi, non che fossero trascinati, e, mostrandoti un principe degno di ottimi popoli, ti procu-

rasti popoli degni di un ottimo principe» (c. 10*v*). Le grandi opere pubbliche portate a termine non nascevano da «perversa ambizione», ma dall'«intento di fare del bene», col risultato che la saggezza (*prudentia*) reale «ha procurato la concordia al regno e ha garantito a tutti la felicità» (cc. 11*v*-12*v*).

Appare il concetto-chiave, che il trattato conclusivo si impegnerà a precisare fin dal primo capitolo, rinunciando all'ampollosità giovanile in favore di un'esposizione quanto mai limpida: «Noi dunque per *pubblica felicità* altro non intendiamo se non quella pace e tranquillità che un saggio ed amorevol principe o ministero si studia di far godere, per quanto può, al popolo suo».

Opera senza dubbio acerba, il *Panegyricus*, ma che diviene di non inutile lettura se riguardata sotto la scorta dell'accurata esegesi e dell'illuminante introduzione ora disponibili.

FABIO MARRI

ABBREVIAZIONI ARCHIVISTICHE E BIBLIOGRAFICHE

AdI	=	Lodovico Antonio Muratori, *Annali d'Italia dal principio dell'era volgare sino all'anno 1749*, Milano-Venezia, Giovambatista Pasquali, 1744-1749, 12 voll., XI (*Dall'anno 1601 dell'era volgare fino all'anno 1700*, 1749)
AM	=	Archivio Muratoriano
BEUMo	=	Biblioteca Estense Universitaria, Modena
CMCEB	=	*Carteggio muratoriano: corrispondenti e bibliografia*, a cura di F. Missere Fontana e R. Turricchia, coordinamento e introduzione di F. Marri, Bologna, Editrice Compositori, 2008
DBI	=	*Dizionario biografico degli Italiani*, Roma, Istituto della Enciclopedia Italiana "G. Treccani", 1960-2020, 100 voll.
Epist.	=	Lodovico Antonio Muratori, *Epistolario*, a cura di M. Càmpori, Modena, Società Tipografica Modenese, 1901-1922, 14 voll.
Forcellini	=	Egidio Forcellini, *Totius latinitatis lexicon*, cur. V. De Vit, Prati, Giachetti, 1842
Tommaseo	=	Niccolò Tommaseo, *Il centenario di Lodovico Antonio Muratori*, «Archivio storico italiano», s. III, vol. XVII, 1873, 2, pp. 302-318.

Introduzione

MURATORI PANEGIRISTA DEL RE SOLE[1]

I. Sfortuna di un inedito muratoriano

20-21 ottobre 1872: si svolgono tra Vignola e Modena due giornate di celebrazioni ufficiali per il secondo centenario della nascita di Lodovico Antonio Muratori. Come segretario della Deputazione di storia patria romagnola vi presenzia Giosue Carducci, il quale, dando dichiaratamente voce al proprio «repubblicano sentimento d'artista», ne trae una cronaca colorita e spigliatamente giornalistica, subito pubblicata nella bolognese «Voce del popolo» e ripresa dal livornese «Mare» di Giuseppe Chiarini: un *reportage* il cui fondamentale ghibellinismo è appena velato dal tono arguto e demistificante del *divertissement*.[2]

Per il fronte del moderatismo cattolico-liberale interviene invece, non altrettanto tempestivamente, nell'estate dell'anno successivo, la penna illustre di Niccolò Tommaseo, con una sorta di diffuso servizio giornalistico-bibliografico sull'«Archivio storico italiano», l'autorevole testata fiorentina, espressione di un municipalismo storiografico dichiaratamente neomuratoriano e specificamente medievistico.[3] Il *dossier* si

---

[1] In queste pagine introduttive riprendo, con qualche integrazione e approfondimento, un mio precedente *accessus* al testo del panegirico: C. Viola, *Il panegirista, Luigi XIV e la «gramigna ugonottica». Primi sondaggi per un inedito muratoriano*, in *Lodovico Antonio Muratori. Religione e politica nel Settecento*, a cura di M. Rosa e M. Al Kalak, Firenze, Olschki, 2018 («Biblioteca della "Rivista di storia e letteratura religiosa"», Studi, XXXIV), pp. 83-99.

[2] G. Carducci, *Il secondo centenario di L.A. Muratori* [1872], in Id., *Opere*, Edizione nazionale, Bologna, Zanichelli, 1935-1940, 30 voll., XXIII, *Bozzetti e scherme*, pp. 43-83 (p. 59 per la citazione; p. 44 per la fortuna editoriale).

[3] Tommaseo. Stante la periodicità quadrimestrale, l'articolo dovette uscire tra giugno e luglio di quell'anno. Per gli indirizzi storiografici e culturali del periodico è sempre prezioso I. Porciani, *L'«Archivio storico italiano». Organizzazione della ricerca ed egemonia moderata nel Risorgimento*, Firenze, Olschki, 1979.

apre con un vibrato *parallèle* di sapore neoguelfo (vi si afferma l'affinità spirituale tra Muratori e Rosmini, entrambi preti e 'italiani', suggellandola, *in cauda*, con un riferimento a Manzoni)[4] e prosegue con una serie di lettere-recensioni, fra le quali una indirizzata dallo stesso Tommaseo all'erudito modenese Antonio Cappelli, a ringraziamento di due studiosi locali che gli avevano inviato i loro recenti lavori: un Arsenio Crespellani compilatore delle *Memorie storiche vignolesi*, «erudito lavoro che onora la patria del Belloi, del Bernardoni, del Cantelli, e che dello stesso Muratori [...] s'avrebbe le lodi»,[5] e un Leonardo Salimbeni, autore di un «dotto libro» sugli interventi muratoriani «intorno a cose naturali».[6]

Un accenno del secondo, confessa il vecchio poligrafo, stimola in lui una curiosità, che così esprime: «Leggerei volentieri qualcosa del panegirico, che giovane egli [*scil.* Muratori] compose, di Luigi XIV in latino».[7] E in nota, grazie alla «bontà» del Cappelli, può riportarne due passi sulle vittoriose campagne militari del sovrano francese: una citazione, osserva con evidente riferimento alla *débâcle* di Sedan, che «acquista dolorosa opportunità dal raffronto delle vittorie [...] di Francia» con le recenti «sconfitte».[8]

Questa che si legge in Tommaseo è la sola porzione dello scritto giovanile di Muratori che finora sia comparsa a stampa. Il *Panegyricus Ludovico XIV christianissimo Galliarum regi* – tale il titolo apposto dall'au-

---

[4] N. Tommaseo, *Il Muratori e il Rosmini*, in Tommaseo, pp. 302-305.

[5] *Ivi*, pp. 314-315, con riferimento ad A. Crespellani (1828-1900), *Memorie storiche vignolesi ... nella fausta circostanza del secondo centenario dalla nascita dell'immortale Lodovico Antonio Muratori*, Modena, Antonio ed Angelo Cappelli, 1872. Su Antonio Cappelli (1818-1887), studioso vicino a Tommaseo, vicesegretario della Biblioteca Estense e segretario della Deputazione di storia patria per le province modenese e parmense, noto soprattutto per un'edizione dell'epistolario ariostesco, cfr. la voce di E. Ragni nel *DBI*, XVIII, 1975, pp. 721-722. Belloi (Pietro Ercole, 1634-1702, giurista e letterato), Bernardoni (Pietro Antonio, 1672-1714, poeta), Cantelli (Giacomo, 1643-1695, geografo), tutti vignolesi, sono sodali del giovane Muratori.

[6] Tommaseo, p. 315, con riferimento a L. Salimbeni (1829-1889), *Opinioni e scritti di L.A. Muratori intorno a cose fisiche, mediche e naturali. Saggio*, Modena, Gaddi, 1873 (estr. dalle «Memorie della Regia Accademia di scienze, lettere ed arti in Modena», t. XIII, pt. II, 1873, pp. 1-97).

[7] Tommaseo, p. 315. L'accenno del Salimbeni si legge in una nota che elenca, «in ordine di tempo», i «primi scritti del Muratori»: oltre il *De barometri depressione*, di cui stampa per la prima volta il testo integrale (Salimbeni, *Opinioni e scritti*, cit., pp. 24-36), e dopo il *De Graecae linguae usu et praestantia* e il *De primis Christianorum ecclesiis*, da lui datati rispettivamente 1693 e 1694, lo studioso segnala, senza indicazione di data, «un panegirico latino in lode di Luigi XIV, che non venne stampato» (*ivi*, p. 8 n.).

[8] Tommaseo, p. 315 n.

tore in testa all'autografo, che si conserva tra i manoscritti dell'Archivio muratoriano, all'Estense di Modena[9] – non fu incluso da Gianfrancesco Soli Muratori tra i *juvenilia* dell'illustre zio da lui adunati nel tomo XII dell'edizione aretina delle *Opere*, che resta la più completa e affidabile, né nelle altre edizioni *omnia* (o quasi) settecentesche;[10] né vide la luce nei due volumi dell'ampia antologia ricciardiana curata nel secolo scorso da Giorgio Falco e Fiorenzo Forti, *accessus* consueto, e tuttora insostituibile, all'opera muratoriana.[11]

Questa sfortuna editoriale, cui si associa il sostanziale disinteresse degli studiosi, muratoristi compresi,[12] rimonta a un veto dello stesso autore. Così recita una nota autografa seriore apposta in calce al manoscritto: «Fatica giovanile. Qualche pezzo v'ha tollerabile. Il tutto nulla vale» (c. 15*r*). E il Soli Muratori, facendo evidentemente eco, nella sua biografia, al lapidario giudizio dello zio: «Ha pure lasciato il Muratori altre composizioni, da lui fatte in gioventù, e fra queste un *Panegirico* latino in lode di Luigi XIV re di Francia, ma con proibirne la pubblicazione, per non averlo trovato d'assai buona lega nel rileggerlo che fece in età più matura».[13]

Chi oggi legga lo scritto, converrà anticiparlo subito, non può che condividere l'insoddisfazione dichiarata dall'autore: l'insistito impegno encomiastico, che è anche sforzo di adesione alle convenzioni e ai *tòpoi*

---

9 BEUMo, AM, 2.6b. Per una descrizione del ms. rinvio alla *Nota al testo* che segue questa *Introduzione*. Qui darò direttamente a testo, entro parentesi tonde poste accanto a ogni citazione, il riferimento alla carta del ms.; nel citare dal quale, come pure dalle stampe sette-ottocentesche e dalle edizioni moderne di testi muratoriani, seguo criteri di cauto ammodernamento dell'interpunzione e delle iniziali maiuscole; ma anche per questi si veda la *Nota al testo*.

10 L.A. Muratori, *Opere*, [a cura di G.F. Soli Muratori], Arezzo, Michele Bellotti, 1767-1773, tt. 13 in 19 voll. (il t. XII è del 1771); Id., *Raccolta delle opere minori*, Napoli, Giuseppe Ponzelli – Tommaso Alfano, 1757-1770, 10 tt; Id., *Opere*, [a cura di A. Rubbi], Venezia, Antonio Curti, 1790, 48 tt. Cfr. T. Sorbelli, *Bibliografia muratoriana*, Modena, Società Tipografica Modenese, 1943-1944, 2 voll., II, *Appendici*, pp. 181-191; R. Turricchia, *Indice delle opere di Muratori*, in *CMCEB*, pp. 341-388: 376; C. Viola, *Canoni d'Arcadia. Muratori Maffei Lemene Ceva Quadrio*, Pisa, ETS, 2009, pp. 13-16.

11 L.A. Muratori, *Opere*, a cura di G. Falco e F. Forti, Milano-Napoli, Ricciardi, 1964, 2 tt.

12 L'unico a soffermarsi sull'operetta, ma senza mostrare di conoscerne il contenuto, è il vecchio L. V[ischi], *Lodovico Antonio Muratori studente. Narrazione ... corredata di documenti inediti*, Modena, Paolo Toschi e C., 1882^2, pp. 32-33.

13 G.F. Soli Muratori, *Vita del proposto Lodovico Antonio Muratori già bibliotecario del serenissimo signore duca di Modena ... in questa nuova edizione notabilmente accresciuta di documenti inediti e della prefazione*, in Muratori, *Opere*, Arezzo, Bellotti, 1757, t. I, p. 12.

del genere panegirico, finisce col distendere sulla pagina una vischiosa retorica dell'iperbole, dell'*amplificatio* e del concetto ingegnoso che, talora, opacizza il giudizio sugli eventi storici (e storico-politici), quando non annacqua i fatti stessi nei loro contorni. Riesce forse meno comprensibile, al lettore odierno, la disattenzione degli studiosi, i quali avrebbero potuto (o dovuto) guardare a quella ripudiata «fatica giovanile» per lo meno come a un documento, quale che sia, dell'apprendistato letterario del grande erudito.

II. Muratori panegirista. Tra Plinio e Lipsio

Nell'ottobre del 1693 il quasi ventunenne Muratori villeggia a Soliera, tra Modena e Carpi, residenza extraurbana del funzionario ducale Antonio Vecchi, nella cui famiglia già dal 1691 era stato accolto come istitutore. Di lì, con lettera accompagnatoria latina datata al 13 di quel mese («3 Id. Octob. 1693, Soleriae»), invia all'amico Gian Giacomo Tori il testo del panegirico perché lo trasmetta al suo «vero maestro»,[14] il padre Benedetto Bacchini, abate di San Pietro in Modena. La data della missiva è dunque il *terminus ante quem* per la redazione dell'operetta; andrà invece riferita al termine del lavoro di revisione, attestato da tratti di cassatura e correzioni interlineari (soprattutto alle cc. 4*r*-5*v* e 10*r*), la nota autografa che si legge nel manoscritto in alto a sinistra, prima del titolo: «Lud. Ant. Muratorii anno 1694» (c. 1*r*). Da tempo i due amici non si scrivono, lamenta Muratori nella lettera al Tori: ed ecco dunque, quale giusta punizione, l'allegato «de Galliarum rege Panegyricum»: «Liber quidem pusillus, at ruditate dicentis et eloquentiae inopia productus nimis videbitur». Non si aspetta né lodi né critiche: sa bene di esser stato sopraffatto dalla difficoltà dell'argomento («victum argumento»), né ritiene opportuno ritoccare un'opera che non sarà mai letta in pubblico né tantomeno consegnata alle stampe.[15] In termini analoghi scrive a

---

[14] E. Raimondi, *La formazione culturale del Muratori: il magistero del Bacchini* [1975], in Id., *I lumi dell'erudizione. Saggi sul Settecento italiano*, Milano, Vita e Pensiero, 1989, pp. 99-124: 80.

[15] *Epist.*, I, n° 22, p. 43. Qui e *infra* cito le lettere muratoriane previo riscontro sugli autografi conservati in BEUMo, AM, per l'esatta indicazione dei quali vedi, ai nomi dei corrispondenti, F. Missere Fontana, *Catalogo dei corrispondenti*, in *CMCEB*, pp. 35-184, e *Recuperi muratoriani. Lettere e corrispondenti della Filza 86*, Catalogo di F. Missere Fontana, Trascrizioni di D. Gianaroli, Coordinamento e introduzione di F. Marri, Verona, QuiEdit, 2020 (C.R.E.S., *Reperta*. Dagli archivi, 4).

Bacchini uno o due giorni dopo, sempre da Soliera.[16] Ma la tempestività con la quale comunica a quest'ultimo di aver incaricato l'amico Tori di recapitargli il manoscritto e la stessa solerzia con cui pochi giorni dopo prega l'amico medesimo di apporvi alcune correzioni lasciano sospettare una diversa disposizione d'animo:

> Io son come quelli che, doppo haver arrischiato e perduto ancora il tutto al gioco, cercano poscia con un poco di economia avanzarsi due o tre soldi il giorno per rimediar al danno primiero. Ho osservato che nello scartafaccio, che dovrete haver havuto, io haveva in vece di Ciro posto Serse fidatomi nella memoria, ma avendo conosciuto lo sbaglio, come ancora che il fiume da lui domato si noma Gyndis [...], vi pregherei ad emendarlo, e fra mill'altri più maschi errori non lasciarvi entrar questo. Commandatemi, amatemi e riverite il p. Bacchini.[17]

Lo «scartafaccio», in realtà, ci consegna un'opera compiuta, lavorata con evidente accuratezza stilistica e retorica, trascritta calligraficamente in bella copia (al netto delle ricordate correzioni seriori) e destinata, se non al cimento diretto della recitazione in una delle 'accademie' domestiche frequentate dall'autore tra Modena e Bologna,[18] certo alla lettura (e al giudizio) di Bacchini e degli intellettuali modenesi della sua cerchia: quel Bacchini che, per il giovane Muratori, è senza meno il «dottissimo uomo» il cui «scarpello servì non poco a formare quel poco ch'io sono», l'uomo «tale che pochi suoi pari potea mostrare l'Italia» d'allora, «eccellente» per «l'ampiezza dell'erudizione» e «l'ottimo gusto in ogni sorta di letteratura».[19]

---

16 «Brevi ad te a Torio meus de Galliarum rege Panegyricus est adferendus, opus otio potius suadente quam viribus consultis elaboratum. Passim legentium tolerantiam ille implorat. Primum quidem argumento oppressus est: quis enim tanto viro in vivis existenti laudaturus audeat obvius ire? Deinde vero sub limam revocare supervacuum duxi neque typis commendandum neque publice ex professo recitandum. Qualis igitur ab ore prodiit talem habebis. Paucos post dies Mutinae reddar, ubi familiaritate scientiaque tua frui mihi licebit»: *Epist.*, I, n° 23, p. 44.

17 *Ivi*, n° 24, p. 45 (23 ottobre 1693). Nel ms., a c. 11*v*, le parole *Xerses Gynden* appaiono cassate e sostituite in interlinea da *Cyrus*.

18 Cfr. C. Roberti, *Gian Giacomo Tori, Lodovico Antonio Muratori e le accademie modenesi di fine Seicento*, in *Accademie e cultura. Aspetti storici tra Sei e Settecento*, Firenze, Olschki, 1979, pp. 117-128, che dice il *Panegyricus* «certo letto e commentato in casa Rangoni» (p. 119), cioè nell'accademia letteraria privata che si riuniva nel palazzo del marchese Giovanni Rangoni e alla quale partecipavano i migliori «giovani letterati» modenesi (oltre a Tori e Muratori, Francesco Buosi, Francesco Caula, Paolo Giardini, Pietro Antonio Bernardoni, Giovanni Carissimi: p. 118); e M. Al Kalak, *Introduzione*, in L.A. Muratori, *Orazioni giovanili*, a cura di M. Al Kalak, Roma, Edizioni di storia e letteratura, 2017, pp. v-xix.

19 Così, alla soglia dei cinquant'anni, il Muratori autobiografo della celebre lettera al Porcìa: L.A. Muratori, *Intorno al metodo seguito ne' suoi studi. Lettera all'illustrissimo signore*

Sempre a Bacchini il giovane erudito indirizza poco tempo prima, il 29 luglio 1693, un'altra lettera latina che attesta un'attenzione specifica verso la panegiristica. A un volume che il benedettino gli ha imprestato, un testo impegnativo dell'erudito luterano tedesco Martin Hanke, probabilmente il *De Romanarum rerum scriptoribus liber*, una sorta di *vademecum* della storiografia dall'età regia fino a Odoacre, egli rimprovera con lucidità critica, oltre al resto, l'omessa citazione di antichi panegiristi quali Plinio il Giovane, Pacato, Nazario e altri non nominati encomiasti imperiali in verso e in prosa: «cur et antiquos panegyristas Plinium Iuniorem, Pacatum, Nazarium totque alios versu solutaque oratione Imperatorum laudes prosecutos non educit?».[20]

Non sono nomi fatti a caso: la sequenza è la medesima consacrata da una lunga tradizione filologico-erudita, manoscritta e a stampa, di destinazione anche scolastica, quella dei *Panegyrici latini veteres*: un canone pressoché fisso di testi che pone in prima sede il *Panegirico a Traiano* di Plinio, individuato come capostipite illustre del genere sia per i pregi stilistico-retorici, sia perché unico documento conservato dell'oratoria latina della prima età imperiale, sia per la novità, assoluta per l'epoca, di rivolgersi a un imperatore vivente; e, a seguire, altre undici *laudationes* – tutte in prosa, però – in onore di imperatori di epoca più tarda, tra la fine del III e la fine del IV secolo d.C., per lo più dovute a retori gallo-romani, fra i quali appunto Nazario (per Costantino) e Pacato (Teodosio), e poi Mamertino (Giuliano e Massimiano), Eumenio (Costanzo Cloro) e altri anonimi.[21] Ma il fatto che il giovane erudito abbia cura di precisare che la dimenticanza dell'Hanke riguarda i panegirici tanto in

---

Giovanni Artico conte di Porcìa (10 novembre 1721), in Id., *Opere*, ed. Falco-Forti, cit., I*, p. 14. Ma su Bacchini si vedano i contributi raccolti in *Benedetto Bacchini nell'Europa fra Sei e Settecento. Libri, arti e scienze*, a cura di S. Cavicchioli e P. Tinti, Modena, Panini, 2020.

[20] *Epist.*, I, n° 12, pp. 35-36. Per l'ipotesi che il libro dell'Hanke (1633-1709) letto e criticato da Muratori sia quello citato a testo (M. Hankii *De Romanarum rerum scriptoribus liber*, Lipsiae 1669-1675, 2 tt.; Lipsiae-Torgae 1687[2]) e non il *De Byzantinarum rerum scriptoribus Graecis liber* (Lipsiae 1677), l'altra sola opera dello storico slesiano anteriore al 1694, rinvio a S. Bertelli, *Erudizione e storia in Ludovico Antonio Muratori*, Napoli, Istituto Italiano per gli Studi Storici, 1960, p. 19 n. Lo stesso Bacchini, nella serie parmense del suo «Giornale de' letterati» (1686-1690), 1687, VI, p. 91, aveva segnalato un'edizione oxoniense annotata di *Epistolae et Panegyricus* pliniani (1686): cfr. la scheda bibliografica di M. Mamiani in *La biblioteca periodica. Repertorio dei giornali letterari del Sei-Settecento in Emilia e in Romagna*, vol. I, 1668-1726, a cura di M. Capucci, R. Cremante e G. Gronda, Bologna, il Mulino, 1985, p. 95, n° 236.

[21] Cfr. *XII panegyrici veteres*, rec. D. Lassandro, Augustae Taurinorum, in aedibus Io. Bapt. Paraviae, 1992; *Panegirici latini*, a cura di Id. e G. Micunco, Torino, UTET, 2000.

prosa quanto in versi, «versu solutaque oratione», fa pensare a un ramo collaterale della tradizione a stampa dei *Panegyrici veteres*, quello fissato dalla fortunata edizione del grecista e tipografo ugonotto Henri Estienne il Giovane,[22] che assembla un *corpus* di testi in cui a Plinio, Pacato, Mamertino e Nazario seguono i *Panegyrici* poetici di Claudiano.[23] Quanto a Plinio, nella contemporanea lettera dissertatoria *De Graecae linguae usu et praestantia*, l'autore del *Panegirico a Traiano* è tra i pochi annoverati in un canone di altissimi ingegni latini che non ebbero uguali in Grecia, «beatissima quaedam ingenia, queis praestantiora nunquam invenit Graecia».[24]

Non sorprenderà dunque di trovare tracce pliniane nel *Panegyricus* muratoriano. Mi limito a qualche esempio. Poco dopo l'esordio, che secondo tradizione dispone un'interminabile *captatio benevolentiae*, il panegirista sottolinea il vantaggio del proprio *status* di straniero, che lo preserva dal sospetto dell'adulazione e dalla «caecitas» di uno sguardo troppo ravvicinato (giacché «iudicio proximitas nocet»); e a quel punto aggiunge:

> Nos vero, ad quos purgatior (si licet dicere) fideliorque fama remeare solet, tantum ab adulatione absumus, quantum a necessitate abest oratio nostra (c. 2*r*).

---

22 È l'«Arrigo Stefano» (1528?-1598) il cui «vocabolario diffuso», cioè il *Thesaurus linguae Graecae* (1572), viene ricordato da Muratori nella lettera al Porcìa come sussidio del proprio giovanile apprendistato in quella lingua: MURATORI, *Intorno al metodo*, cit., p. 13.

23 Dell'edizione Estienne uscirono almeno sette impressioni postume, per lo più a Ginevra, tra il 1599 e il 1638, con il titolo uniforme di *Panegyrici veteres* e un commento di Isaac Casaubon (1559-1614), genero dell'Estienne: C. PLINII CAEC[ILII] SEC[UNDI] *Epist[olarum] lib[ri] IX.* EIUSDEM *et* TRAIANI *imp[eratoris] Epist[olae] amoebaeae. Eiusdem* PL[INII] *et* PACATI, MAMERTINI, NAZARII, *Panegyrici. Item* CLAUDIANI *Panegyrici. Adiunctae sunt* ISAACI CASAUBONI *notae in epist[olas]*... Mette conto ricordare che Casaubon fu allievo e successore a Ginevra di quel Francesco Porto che a Modena era stato maestro di greco del Sigonio: autori posti in rilievo da Muratori sin dal *De Graecae linguae usu et praestantia*. Cfr. L.A. MURATORI, *De graecae linguae usu et praestantia. Dell'utilità ed eccellenza della lingua greca*, introduzione e note di V. Mazzini, traduzione di L. Stanghellini, testo latino a fronte, Bologna, Commissione per i testi di lingua, 2011, § III.8 (*Porto, Sigonio, Casaubon: genealogie culturali e dispute religiose*), pp. CLXVI-CLXXV.

24 «Livius ac Tacitus paucos habent ex Achivis aemulos, et foecundissima alioqui Graecorum tellus difficillime alterum nobis Ciceronem, aut Quinctilianum, aut iuniorem Plinium ostendet, vix Tertullianum, aut Hieronymum, nullum certe Augustinum»: MURATORI, *De graecae linguae usu et praestantia*, cit., p. 100. Il giovane Muratori cita Plinio anche in un'orazione coeva o di poco successiva intitolata *Della vita di Vespasiano e di Tito e delle maniere del farsi amare* (ma *Come farsi amare* in MURATORI, *Orazioni giovanili*, cit., pp. 37-44: 40-41): in essa, a un iniziale panegirico dei due primi imperatori della dinastia flavia attinto per larga parte da Svetonio subentra una rapida *institutio* delle «conversazioni oneste» (p. 41), della «ver'arte del conversare» (p. 43).

Ora, così Plinio si rivolge a Traiano nel primo dei 95 capitoli del suo *Panegirico*:

quo magis aptum piumque est te, Iuppiter optime, antea conditorem, nunc conservatorem imperii nostri, precari, ut mihi digna consule, digna senatu, digna principe contingat oratio, utque omnibus, quae dicentur a me, libertas, fides, veritas constet, *tantumque a specie adulationis absit gratiarum actio mea, quantum abest a necessitate*.[25]

Anche la vanità di fasti, onori, bronzi, marmi e altre esteriorità celebrative (c. 3*r*) è tema già pliniano, per quanto topico.[26] E ancora, più avanti, l'iperbole del condottiero capace di forzare l'avvicendarsi delle stagioni per favorire i propri piani di guerra ha preciso riscontro in un passo del *Panegirico a Traiano*:

Temporum profecto *vices mutasti*, et tibi coacta est toties famulari horridior pars anni, ut pateret, non quoties coelum adveheret, sed quoties tu velles, opportuna ad bellum tempora fieri (c. 7*r*)	An audeant qui sciant te adsedisse ferocissimis populis eo ipso tempore quod amicissimum illis, difficillimum nobis, quum Danubius ripas gelu jungit duratusque glacie ingentia tergo bella transportat, quum ferae gentes non telis magis quam suo coelo, suo sidere armantur? Sed ubi in proximo tu, non secus ac si *mutatae temporum vices* essent, illi quidem latibulis suis clausi tenebantur, nostra agmina percursare ripas et aliena occasione, si permitteres, uti ultroque hyemem suam barbaris inferre gaudebant.[27]

Nel complesso, però, si può dire che l'*imitatio* non attinga quasi mai il livello dell'*inventio* e nemmeno interessi il piano della *dispositio*, ma si

[25] Cito il testo pliniano da una delle edizioni secentesche recanti la prefazione dell'Estienne, i *Panegyrici* di Pacato, Mamertino, Nazario e quelli in versi di Claudiano (cfr. *supra*, nota 23): C. Plinii Caecilii Secundi Novocomensis *Panegyricus Nervae Traiano Augusto dictus*, in Eiusd. *Epist[olarum] lib[ri] IX*..., Coloniae Allobrogum, apud Iohannem Detournes et Iacobum de la Pierre, 1632, pp. 399-486: 401-402, riscontrandolo con Plinio il Giovane, *Carteggio con Traiano (libro X), Panegirico a Traiano*, commento di L. Lenaz, traduzione di L. Rusca e di E. Faelli, Milano, BUR, 2005, cap. 1, § 6, p. 924. Qui e *infra*, nei passi posti a confronto, mi valgo del corsivo per segnalare le tangenze.

[26] Cfr. Plinii *Panegyricus*, cit., p. 415: «non inanes currus, nec falsae simulacra victoriae, sed imperatore veram ac solidam gloriam reportante tranquillitatem et tamen confessa hostium obsequia, ut vincendus nemo fuerit, pulchrius hoc omnibus triumphis» (= ed. BUR, cap. 16, p. 964, che però legge diversamente).

[27] *Ivi*, pp. 411-412 (= ed. BUR, cap. 12, §§ 3-4, p. 954).

esaurisca senza residui nel solo perimetro formale della *elocutio*; e che dunque l'esercizio della *Quellenforschung* non consenta di andar molto oltre l'accertamento delle modalità specifiche di quella *imitatio*. Così la descrizione del miserando aspetto dei sopravvissuti all'assedio di Montmélian intarsia echi lessicali e moduli espressivi prelevati da celeberrimi versi virgiliani, con ricalco puramente esornativo:

Nuda exierunt, ac *mobilia* silicernia, umbrae vitam simulantes, horribilesque laboris et *famis* reliquiae. Proh *quid agis*, proh *quid non* agis insitum nostris *pectoribus* im*mortal*itatis desiderium*!* (c. 7*r*-*v*)	[...] *quid non mortalia pectora cogis*, / auri sacra *fames!* postquam pavor ossa reliquit (VERG. *Aen.* III, 56-57)

Questi studiati intarsi, quasi ammicchi e strizzatine d'occhio al lettore intendente, tradiscono con ogni evidenza l'atteggiamento del giovane letterato tutto teso a dar prova della perizia acquisita nella prosa latina.

Ciò non significa, d'altro canto, che la figura e il ruolo svolto dal *Galliarum rex* non rappresentino per il giovane Muratori motivo di reale e vivo interesse. Già ai primi d'agosto del 1691 egli aveva inviato a un altro amico di gioventù, Francesco Caula, un sonetto in cui, in prosopopea, si finge che Luigi «parl*i* in tal guisa» al Delfino, «per la prima volta introdotto [...] nel Consiglio maggiore»:

Figlio, che già di mio col tuo coraggio
il nome meritasti, a gran disegni
omai disponti, e più che questi Regni
l'oprar gran cose sia tuo bel retaggio.
Quel che la culla dieti altro vantaggio
ti serva omai; ne' miei essempii degni
assai, figlio, apprendesti, e ne gl'impegni
d'un mondo inimicato io ti fei saggio.
Prendi parte ancor tu ne' grandi eventi,
già vanti al tuo valor pari litigi
destino alla tua gloria e a' nostri aumenti.
Tu vinci i tuoi nemici e i miei vestigi,
e da' trionfi tuoi tutte le genti
conoscan che sei figlio di Luigi.[28]

[28] *Epist.*, I, n° 3 (3 agosto 1691), p. 3 n. Cfr. anche L.A. MURATORI, *Poesie italiane edite*, introduzione e note di A. Ruschioni, Milano, Pleion, 1964, n° 1, pp. 51-52.

Anche considerando la possibilità di attingere notizie di politica estera circolanti alla corte estense (magari attraverso Niccolò Santi, il consigliere e segretario di Stato di Rinaldo I nel cui studio legale l'allora giovane studente di legge dello Studio modenese veniva svolgendo il suo praticantato),[29] non può non colpire la tempestività con cui un Muratori diciannovenne registrava in versi un recentissimo fatto della cronaca politica francese, per di più privo di riflessi immediati oltre confine, per quanto certo non privo di una sua portata simbolica, e come tale, presumo, prontamente diffuso dall'«industria della gloria» luigiana:[30] l'introduzione del *Grand Dauphin* nel *Conseil d'en haut*, sorta di Consiglio dei ministri del re, era avvenuta soltanto il 21 luglio 1691, appena due settimane prima dell'invio dei versi al Caula.[31]

Un altro sonetto in onore del sovrano francese è riportato in un foglietto accluso al manoscritto del panegirico (c. 18*r*). Anche di questo conviene trascrivere integralmente il testo, non solo perché inedito, ma perché sembra compendiare, a partire dall'occasione espressa nel *titulus*, i temi encomiastici svolti nel panegirico stesso:

Obligato l'autore a lodare la maestà christianissima di / Luigi XIV, confuso nella quantità delle / sue attioni gloriose, così risolve di / dire col presente / sonetto.

Dirò ch'opre, oh gran re, son del tuo core
ciò che appena pensieri in altri sono;
che così dilatasti il regio trono,
che fuor che il merto tuo nulla ha maggiore;
che il terror sei del mondo e sei l'amore;
che con l'armi conquisti e col perdono;
che del tuo braccio o fu disprezzo o dono
ciò che resta materia al tuo valore;
che ti è fatto natura il far prodigi;
ch'è legge della sorte il tuo desio;

---

29 Cfr. M. Bragagnolo, *Muratori studente di diritto*, in Ead., *Lodovico Antonio Muratori giurista e politico*, tesi di dottorato in Storia del diritto e del pensiero giuridico europeo, XXI ciclo, Università di Trento, tutor P. Carta, a. accad. 2007/2008, pp. 74-96: 75 (e più in generale, sulla formazione del giovane Muratori, il cap. I, *Modena e Milano. Vecchi autori e nuove idee*, di Ead., *Lodovico Antonio Muratori e l'eredità del Cinquecento nell'Europa del XVIII secolo*, Firenze, Olschki, 2017, pp. 1-20).

30 P. Burke, *La fabbrica del Re Sole. Una politica dei media nell'età dell'assolutismo: l'industria della gloria e l'immagine pubblica di Luigi XIV*, Milano, il Saggiatore, 1993 (ed. or. 1992).

31 Cfr. G.B. McCollim, *Louis XIV's Assault on Privilege. Nicolas Desmaretz and the Tax on Wealth*, Rochester (NY), University of Rochester Press, 2012, Appendix 1, *The Conseil d'en haut, or the Council of Ministers*, pp. 229-231: 230.

che son norma de' regi i tuoi vestigi;
 che l'eresia vincesti invitto e pio;
che il mondo intese allor che tu, o Luigi,
vincer non sai, s'assiem non vince Iddio.

Nel *De Graecae linguae usu et praestantia*, lamentando con un anticipo di qualche anno sui *Primi disegni della Repubblica letteraria d'Italia* la decadenza della coeva cultura italiana, il giovane erudito non può esimersi dall'addurre l'esempio di segno contrario proveniente dalla Francia né di riconoscere all'«hodiernus Gallorum rex» i meriti del suo efficace mecenatismo:

Et sane te non fugit quibus impensis ac opibus studiosorum operas redemerit hodiernus Gallorum rex, dum in ipsis matheseos ac philosophiae experimentis nuperque in geographiae explorationibus plura centena aureorum millia errogarit, voluminum editiones promoverit et doctos plerosque aut novis constitutis academiis aut sublimi beneficentia bearit.[32]

Purtroppo con l'amara consapevolezza che

illud quidem satis constat ex Italis principibus nullum in iuvandis studiis Gallici regis potentiam aequare posse; ista quippe in tot regnantes dispertita provincia exterorum tantum ambitioni servire coacta est.[33]

III. Attorno all'eccezione muratoriana: poesia e prosa panegirica nell'Italia del Seicento

Vero è che il culto del re cristianissimo, diffuso e alimentato anche fuori dai confini nazionali dalle efficientissime campagne propagandistiche pianificate dalla politica colbertina, è tutt'altro che estraneo alla produzione letteraria del nostro Seicento. A Luigi anche in Italia si dedicano elogi biografici,[34] opere teatrali,[35] versi,[36] persino conclusioni teologiche.[37]

---

32 Muratori, *De graecae linguae usu et praestantia*, cit., pp. 12 e 14.

33 *Ivi*, p. 14.

34 Tale la *Vita et imprese del regnante Lodovico XIV* inserita dallo storico toscano Eugenio Gamurrini (1620-1692) nel IV dei 5 volumi della sua *Istoria genealogica delle famiglie toscane*, Fiorenza, Giovanni Gugliantini, 1679, pp. 4-207.

35 Come il *Cambise* (Perugia, eredi Zecchini, [1679?]) e l'*Atenaide* (ivi 1678) del tifernate Carlo Amadio (*fl.* 1669-1678); e, per i drammi musicali, *Il trionfo della continenza considerato*

Tra i versi reclama distinta menzione una canzone pindarica di Carlo Maria Maggi, *Del gran Luigi al formidabil nome*: composto nel 1686, subito tacciato di secentismo da Bouhours e poi difeso da Muratori nella sua biografia del poeta milanese,[38] questo «sontuosissimo panegirico di Luigi il grande»[39] ha rilievo sia per il ruolo cospicuo svolto dalla funzione-Maggi nella maturazione della poetica muratoriana sin dalla folgorante lettura di rime del milanese fatta nella «dolce ed ingegnosa conversazione» di casa Rangoni, insieme con «alquanti felicissimi ingegni modenesi» suoi «coetanei», proprio nel primo triennio degli anni Novanta,[40] sia anche per l'innovativa assunzione di Luigi XIV a immediato soggetto dei versi,

---

in Scipione Affricano (ivi, Lorenzo Ciani e Francesco Desideri, 1677), su libretto attribuito al nobile fanese Giulio di Montevecchio (sec. XVII).

[36] Ad es., il sacerdote Andrea Penci, nobile bozzolese, e «per privilegio» modenese e reggiano, ma attivo a Roma nella cerchia di mons. Ciampini, dedica alla *sacra cristianissima real maestà* di Luigi un poema in ottave, *L'intreccio d'allori e d'ulivo avvolto alla corona dell'invittissimo re di Francia e di Navarra Luigi XIV il grande et il giusto*, Roma, Iacomo Fei, 1679 (e più tardi canterà l'elezione di papa Alessandro VIII con *La visione*, Roma, Gio. Giacomo Komarek, 1689, un altro poema in ottave definito *panegirico* in sottotitolo perché letto alla presenza del card. Pietro Ottoboni). Il patrizio tudertino Giuseppe Piselli (sec. XVII), accademico umorista aduso alla poesia eroica in lode di principi e sovrani (Carlo VI, Eleonora di Polonia e Lorena, ecc.), pubblica un «poema astronomico» di 95 ottave in tre parti, i *Presagi d'Urania per la maestà cristianissima di Luigi XIV re di Francia, di Navarra etc.*, Todi, Vincenzo Galassi, 1681, che è di fatto un oroscopo in versi. Sempre in area umbra, il perugino Gaspare Bartoccetti (sec. XVII) allestisce un quindicennio più tardi una raccolta di composizioni in versi di vari autori in onore di Luigi XIV: *La gara de' cigni overo il tributo delle Muse ne' gloriosi trionfi del christianissimo et invittissimo re di Francia Luigi il Grande XIV, dedicato alla medesma sacra maestà*, Perugia, Francesco Desideri, 1696.

[37] *Conclusiones theologicae quas Ludovico XIV regi Galliarum christianissimo potentissimo fr.* Alexander Bellisia *de Novellaria sac. theol. profes. ord. ser. b.m.c. occasione comitiorum generalium d.d.d.*, Romae, typis Ignatii de Lazaris, 1679.

[38] L.A. Muratori, *Vita di Carlo Maria Maggi*, Milano, Giuseppe Pandolfo Malatesta, 1700, pp. 170-182. Cfr. C. Viola, *Tradizioni letterarie a confronto. Italia e Francia nella polemica Orsi-Bouhours*, Verona, Fiorini, 2001, pp. 73, 126 e *passim*.

[39] Così lo definirà Muratori inserendone il testo nell'antologico libro IV della *Perfetta poesia italiana* (1706[1]) e giudicandolo «tra i migliori componimenti» della sua «raccolta»: L.A. Muratori, *Della perfetta poesia italiana*..., Venezia, Sebastiano Coleti, 1730, 2 tt., II, pp. 384-392: 391.

[40] Muratori, *Intorno al metodo*, cit., p. 10. Nella conversazione del marchese Rangoni il giovane Muratori fu ammesso nel corso del 1691: cfr. M. Càmpori, *Cronobiografia muratoriana*, in *Epist.*, XIII, pp. 5879-5964: 5879, e Viola, *Tradizioni letterarie a confronto*, cit., p. 105. Sul rilievo di Maggi per Muratori, cfr. M. Capucci, *Biografie lombarde*, e F. Marri, *Autografi muratoriani poco noti della Vita e delle opere poetiche di Carlo Maria Maggi*, entrambi in *Il soggetto e la storia. Biografia e autobiografia in L.A. Muratori*, Firenze, Olschki, 1994, pp. 115-130 e 131-163. La corrispondenza col Maggi è ora edita in L.A. Muratori, *Carteggi con Mabillon ... Maittaire*, a cura di C. Viola, Firenze, Olschki, 2016, sez. XIV, pp. 192-208.

senza passare attraverso l'obbligata copertura metaforica di Alessandro o di Cesare. Nella Francia di quegli stessi anni Charles Perrault, in qualità di *commis* di Colbert, dovrà sostenere una battaglia specifica in tal senso, appositamente per persuadere alla nuova maniera encomiastica i recalcitranti letterati coevi.[41]

Tra l'ultimo decennio del secolo e gli albori del secolo successivo, questo filone di poesia panegirica trova saldo radicamento nell'ambiente culturale bolognese gravitante intorno al marchese Orsi. È del 1691, a ridosso del *Panegyricus* muratoriano, una collettanea poetica dedicata *Alla sacra reale maestà cristianissima di Luigi il Grande*, cui collaborano Pier Jacopo Martello e altri letterati della cerchia orsiana.[42] Dieci anni dopo lo stesso gruppo, passato intanto sotto le insegne della colonia Renia d'Arcadia, darà vita a un'analoga iniziativa, i *Fasti di Lodovico XIV il Grande*, una corona di dodici canti in quartine di endecasillabi intitolati ai mesi dell'anno, il primo dei quali, *Gennajo*, opera dello stesso Orsi.[43]

Decisamente più contenuta la produzione di panegirici. A considerare unicamente quelli che accampano in frontespizio l'insegna esplicita del genere, dettati da autori italiani e pubblicati in Italia nel secondo Seicento, ne sono a mia notizia tre soli, usciti tra l'altro nell'arco breve di un settennio (1666-1673): l'*Hercole gallico* e l'*Applauso profetico*, entrambi

---

41 Cfr. M. Soriano, *La brosse à reluire sous Louis XIV. "L'Epître au Roi" de Perrault annotée par Racine et Boileau*, Fasano (Br) - Paris, Schena-Nizet, 1989, pp. 13 e 16.

42 *Alla sacra reale maestà cristianissima di Luigi il grande*, Bologna, eredi d'Antonio Pisarri, 1691. La raccolta, preceduta da una dedicatoria del senatore bolognese Francesco Maria Albergati Capacelli (m. 1714), aduna carmi latini (pp. 60-66) e versi italiani (pp. 7-59), tra i quali il poema in ottave *Versaglie* di Pier Jacopo Martello (pp. 39-59).

43 *I fasti di Lodovico XIV il Grande re di Francia esposti in versi in occasione dell'esser levato al sacro fonte il primogenito del marchese Filippo cav. Sampieri in nome di sua maestà cristianissima*, Bologna, Costantino Pisarri, 1701. L'iniziale avviso al lettore, dichiarata una prevedibile ascendenza ovidiana, indica come fonte per la «materia» i «Fasti di Sua Maestà impressi in Parigi dell'anno 1694», cioè *Les fastes de Louis le Grand*, Paris, Jean Anisson, 1694: indicazione da cui non sembra illecito dedurre che simili resoconti delle imprese vittoriose del re circolassero facilmente negli ambienti bolognesi e modenesi frequentati dal giovane Muratori. Oltre a Orsi, collaborarono ai *Fasti* Gregorio Malisardi e i due vice-custodi della Renia, Angelo Antonio Sacchi e Carlo Antonio Bedori, tutti già rappresentati nella collettanea bolognese del 1691. Il *Gennajo* dell'Orsi sarà incluso da Muratori in coda alla raccolta da lui curata di tutte le scritture uscite nella polemica Orsi-Bouhours, a partire dalle *Considerazioni* orsiane: G.G. Orsi, *Considerazioni ... sopra la Maniera di ben pensare ne' componimenti, già pubblicata dal padre Domenico Bouhours della Compagnia di Gesù. S'aggiungono tutte le scritture che in occasione di questa letteraria contesa uscirono a favore e contro al detto marchese Orsi, colla di lui Vita e colle sue Rime in fine*, [a cura di L.A. Muratori], Modena, Bartolomeo Soliani, 1735, 2 tt., II, pp. 622-631.

di Girolamo Graziani, l'autore del *Conquisto di Granata* e del *Cromuele*, e un *Panegirico* del letterato fiorentino Carlo Roberto Dati.[44] L'indagine bibliografica è verosimilmente incompleta, ma non credo probabile che eventuali nuovi reperti possano incrementare di molto il magro bottino.

In ogni caso, a destare l'attenzione, fra i tre panegirici, sono naturalmente i due del Graziani, segretario del duca d'Este, entrambi pubblicati a Modena dalla stessa stamperia da cui usciranno molte opere muratoriane:[45] per lo meno essi attestano, a monte di Muratori, il radicamento di una tradizione locale, a conferma di quello che Peter Burke ha chiamato «l'asse Parigi-Modena».[46] Il Graziani, che da Luigi ricevette un'apposita pensione, non solo dettò sonetti per le vittorie del Gran Re, ma diffuse anche le apologie francesi della guerra di Devoluzione.[47]

Sta di fatto che, anche nel caso del Graziani, si tratta di panegirici poetici (in sesta rima, nello specifico), e in lingua italiana; e che l'unico panegirico in prosa in onore di Luigi XIV resta dunque quello già ricor-

---

44 C.R. Dati, *Panegirico alla maestà cristianissima di Luigi XIV re di Francia e di Navarra*, Firenze, all'insegna della stella, 1669. Nove anni prima, per gli stessi tipi, Dati (1619-1676), che già nel 1644 aveva descritto le *Esequie della maestà christianissima di Luigi XIII il Giusto ... celebrate in Firenze dall'altezza sereniss. di Ferdinando II Gran duca di Toscana* (*ivi*, stamperia di S.A.S.), aveva dato alle stampe una *selva epitalamica ... nelle augustissime nozze delle maestà cristianissime Luigi XIV e Maria Teresa d'Austria* intitolata *La pace*. Estraneo al contesto italiano e inquadrabile nelle travagliate vicende biografiche dell'autore, sempre alla ricerca di protezioni altolocate, è invece il *Panegirico* pubblicato dal poligrafo 'libertino' Gregorio Leti nel 1680 nella cittadina francese presso Ginevra dove temporaneamente risiedeva (cfr. la voce di E. Bufacchi in *DBI*, LXIV, 2005, pp. 717-723: 721): G. Leti, *La fama gelosa della fortuna. Panegirico sopra la nascita, vita, azzioni, governo, progressi, vittorie, glorie e fortune di Luigi il Grande*, Gex, a spese dell'autore, 1680. Analogo discorso vale per il più tardo panegirico trilingue del chierico regolare somasco Giannantonio Mezzabarba (1670-1705), poi (1699-1705) corrispondente di Muratori (cfr. *CMCEB*, p. 129, n° 1267), anch'egli di origini milanesi ma in Francia nel 1701-1703, al seguito del nunzio Gualtieri, e vicino ai gesuiti attivi alla corte luigiana: *Ludovico Magno panegyricus imper. Romanorum nummis contextus ... in Gallicum a* Carolo Caesare Baudelot de Dairval, *in Italicum ab ipso auctore translatus*, Parisiis, sumptibus auctoris apud Simonem Langlois, 1703. Aggiungo infine che ai Ricovrati di Padova, nel 1685, la studiosa di numismatica Gabrielle-Charlotte Patin, secondogenita del più noto Charles, docente allo Studio patavino dal 1676, pronunciò un *panégyrique* francese di *Louis XIV*, di cui purtroppo non ci è pervenuto il testo (cfr. G. Benzoni, *I Ricovrati nel Seicento*, in *Dall'Accademia dei Ricovrati all'Accademia Galileiana*, Atti del Convegno storico per il IV centenario della fondazione, 1599-1999, Padova, 11-12 aprile 2000, a cura di E. Riondato, Padova, Accademia Galileiana di scienze lettere ed arti, 2001, pp. 11-57: 52).

45 G. Graziani, *L'Hercole gallico alle glorie della sacratissima maestà del re christianissimo Luigi XIV. Panegirico*, Modona, Bartolomeo Soliani, 1666; Id., *Applauso profetico alle glorie del re christianissimo Luigi XIV. Panegirico*, *ivi* 1673.

46 Burke, *La fabbrica del Re Sole*, cit., p. 255.

47 Cfr. *ivi*, p. 224.

dato del Dati: anch'esso, però, in italiano. In tutta la letteratura encomiastica luigiana apparsa in Italia ad opera di autori italiani nel corso del Seicento non c'è, se ho ben visto, alcun panegirico in prosa latina. Su questo piano, forse di rilievo non soltanto esteriore o formale, il *Panegyricus* muratoriano andrà dunque registrato come una singolare eccezione, riconducibile, probabilmente, alle già ricordate suggestioni classicistiche della prima formazione muratoriana; e forse, volendo ulteriormente azzardare, all'influsso di un autore ben noto al vignolese già a quell'altezza, il filologo e filosofo fiammingo Giusto Lipsio. Come ricorderà lo stesso Muratori nella lettera al Porcìa, alle «opere» di quel «gran partigiano e rischiaratore delle sentenze stoiche» egli fu condotto, in gioventù, dalla propria «ostinata applicazione alla filosofia di Zenone», e fu la lettura di «vari libri critici ed eruditi» di quell'«insigne valentuomo» che lo fece «invaghire dell'erudizione profana».[48]

Ora, di Lipsio, che già nei suoi lavori filologici riserva molto spazio a Plinio e alla panegiristica,[49] ci resta un'orazione panegirica latina, la *Dissertatio apud principes*, pubblicata congiuntamente con il capostipite antico del genere, il *Panegirico a Traiano* di Plinio, in un evidente tentativo di rinnovare il genere su saldi fondamenti classici, di fondare su basi antiche una nuova panegiristica, appunto in prosa latina: tentativo che Muratori, di fatto, condivide e, si direbbe, emula.[50]

---

[48] Muratori, *Intorno al metodo*, cit., p. 12.

[49] Cfr. Iusti Lipsii *Epistolicarum quaestionum libri V*, Antuerpiae, ex officina Christophori Plantini, 1577: lib. I, ep. XXII (*E panegyricis mendae sublatae complures*); lib. II, ep. III (*Plinius tribus in locis emendatus*), XIII (*De Plinii loco quaesitum*); lib. III, ep. XXIV (*Mendum in Panegyrico ad Constantinum. Plauti olim correctio confirmata. Appuleius correctus. Plura alia in Mamertini Panegyrico*); lib. IV, ep. XXVIII (*Panegyrici scriptores varie emendati*); lib. V, ep. XV (*E Plinii Panegyrico ablatae aliquot mendae*).

[50] Cfr. Eiusd. *Dissertatiuncula apud principes. Item* C. Plini *Panegyricus liber Traiano dictus, cum eiusdem* Lipsi *perpetuo Commentario*, Antuerpiae, ex officina Plantiniana, apud Ioannem Moretum, 1600. L'ipotizzata suggestione lipsiana sul Muratori panegirista andrà peraltro intesa in senso largo, come riferimento autorizzante per un'operazione di rifondazione moderna dell'antico genere, e non a livello di precise tangenze testuali: palesi sono infatti le differenze stilistiche tra la vivacissima oralità mimetica della *Dissertatiuncula* lipsiana, zeppa di *interrogationes*, interlocuzioni e citazioni, e il più composto incedere del *Panegyricus* muratoriano, in ciò più vicino a Plinio che non a Lipsio. Per il rilievo di Lipsio (1547-1606) nella formazione di Muratori, cfr. anche Muratori, *De graecae linguae usu et praestantia*, cit., *ad Indicem*, e Viola, *Canoni d'Arcadia*, cit., pp. 72-74. In area modenese, tra la fine del Cinque e l'inizio del Seicento, l'interesse per Lipsio ebbe un precedente in Alessandro Tassoni, uno degli *auctores* di Muratori: cfr. A. Clerici, *Sulla fortuna dei* Politicorum libri sex *di Giusto Lipsio in Italia. La traduzione di Alessandro Tassoni*, in *Scritti in ricordo di Armando Saitta*, Milano, Angeli, 2002, pp. 139-154, e più in generale i contributi raccolti in *Alessandro Tassoni*

IV. Guerra, mecenatismo, duello, eresia

Ma è tempo di venire dalla ricostruzione del contesto alla lettura del testo. Il quale, a voler schematizzare, organizza l'encomio attorno a quattro aspetti della politica luigiana: *a*) il tema bellico, ossia le gloriose imprese militari relative soprattutto al conflitto che si concluderà solo nel 1697, con la pace di Rijswijk, terza, e allora in corso, delle «quattro belle guerracce di dimensioni "europee", una più lunga e più clamorosa dell'altra», che occuparono il «regno regnato» di Luigi, dal 1661 al 1715;[51] *b*) l'abolizione del duello, punto più specifico ma non meno importante per il Muratori futuro autore della *Introduzione alle paci private*;[52] *c*) il mecenatismo artistico e culturale; e, *d*), la lotta all''eresia', ossia, di fatto, la repressione dei protestanti ugonotti conseguente alla revoca dell'editto di Nantes (1685).

Converrà iniziare da quest'ultimo, che è tema fortemente scandito, genuinamente sentito e senza meno centrale nel profilo di Luigi tratteggiato dal panegirista: lo conferma il suo ripresentarsi agli snodi strutturali del testo, nei tre punti topici dell'avvio vero e proprio del discorso, della parte centrale e della *peroratio* finale.

---

poeta, erudito, diplomatico nell'Europa dell'età moderna, a cura di M.C. Cabani e D. Tongiorgi, Modena, Franco Cosimo Panini, 2017. Una ricognizione della fortuna editoriale italiana di Lipsio è in I. Botti, *La fortuna di Giusto Lipsio in Italia tra Sei e Ottocento*, in *Saperi politici e forma del vivere nell'Europa d'Antico Regime*, a cura di C. Continisio, «Cheiron», XI, 1994 [1995], pp. 169-180.

[51] Così il Gadda evocatore di *Luigi XIV* per una serie radiofonica del 1952, che provvidamente allinea le «quattro guerre» come segue, con didatticismo persino scolastico: «*Guerra di Devoluzione* (daccapo con la Spagna), '65-'68, chiusa dalla pace di Aquisgrana il 2 maggio '68; *Guerra di Olanda*, '72-'79, chiusa dalle due separate paci di Nimega del '78 e '79; *Guerra della lega di Augusta o della Grande Alleanza*, '89-'97, chiusa dalla pace di Ryswick il 20 settembre con Olanda e Spagna, il 30 ottobre con l'imperatore Leopoldo I; *Guerra di successione spagnola* (1701-1713) chiusa dai cinque trattati di Utrecht il 30 gennaio e l'11 aprile 1713 con Inghilterra, Olanda, Savoia, Portogallo, Prussia, e dal trattato di Rastatt, il 7 marzo 1714, col solito imperatore ritardatario, che, da buon tedesco, si accorge un anno dopo che valeva la pena di far la pace un anno prima»: C.E. Gadda, *Luigi XIV*, in Id., *I Luigi di Francia*, Milano, Garzanti, 1964, pp. 53-92: 79 (78 per le due citazioni a testo).

[52] L.A. Muratori, *Introduzione alle paci private, composta e dedicata all'altezza serenissima di Rinaldo I duca di Modena ... Si aggiungono un Ragionamento di* Sperone Speroni *intorno al duello e un trattato della pace di* Giovam-Batista Pigna *non pubblicati finora*, Modena, Bartolomeo Soliani, 1708. Sulla proibizione del duello, presentata nel panegirico come garanzia di quella pace intestina che consente di convogliare sul fronte esterno ogni pulsione alla conflittualità, mi permetto di rinviare a C. Viola, *Il duello negato: trattatisti da Paradisi a Beccaria*, in *Duellanti: da Omero a Ridley Scott*, a cura di I. Gambacorti, «Sinestesie», 2025, c.s.

Già *in limine*, subito dopo i ricordati preamboli sull'incomparabilità dell'elogiato e sulla conseguente vanità di ogni *signum* esteriore di grandezza, la figura del *defensor fidei* si fa largo, e si lega inscindibilmente a quella del tutore della pace interna, minacciata dal turbolento ceto nobiliare: implicito ma evidente riferimento alla Fronda. Ai mali che affliggono il regno di Francia prima dell'avvento di Luigi si aggiunge, flagello più terribile, l'eresia, radicatasi persino nei gangli più vitali dello Stato, con tutto il suo funesto corredo di empietà:

His accedebat terribilior lues, praeteritis elatus victoriis haereticus, in comitia, in dignitates, in regni paene consortium deplorabili necessitate accitus, haereseosque tandem comes omnis improbitas, omne malum (c. 3*v*).

Il panegirista insiste sull'avvento salvifico di Luigi, quasi *missus a Deo*. A essere enfatizzata, in proposito, è la lunga attesa per la gravidanza ormai insperata di Anna d'Austria, attesa compensata dalla generosità del dono:

te caelum dedit, votisque omnium diu frustratis fatigatisque, tarditatem demum donandi doni largitate pensavit. Miraculo scilicet opus fuit, ut miraculum aliud in diem erumperet (c. 4*r*).

È il tema topico del *Dieudonné*, imposto dal secondo nome ricevuto da Luigi alla nascita e fin da subito presente alla letteratura encomiastica, a partire dall'*Éloge* del gesuita Nicolas Caussin, dedicato alla regina madre reggente proprio per celebrare il fausto genetliaco del re fanciullo, allora tredicenne.[53] Il padre, Luigi XIII, la cui opera era stata invincibilmente ostacolata dalla «temporum perversitas», può allora lasciare questo mondo in serenità, perché certo di affidare il regno in mani sicure (c. 4*r*). Già Plinio (ancora lui!) si era espresso in modo analogo per Traiano, successore di Nerva.[54]

---

53 «La première preuve d'une vérité toute divine est le long temps qu'il a mis à venir [...]. Les grandes choses se montrent de loin, et quelquefois longtemps avant que d'être, Dieu prend plaisir à les faire attendre, et veut que nous mesurions leur prix à la longueur de nos espérances. [...] ces grands Hommes du vieil et du nouveau Testament, se sont faits attendre, avant que de naître, Dieu voulant rendre par ce moyen leur naissance plus remarquable, et leur vie plus célèbre»: N. Caussin (1583-1651), *Éloge du roy Louis XIV Dieu-Donné*, Paris, Bechet, 1651, p. 7.

54 «Quum abunde expertus esset quam bene humeris tuis sederet imperium, tibi terras, te terris reliquit; eo ipso carus omnibus ac desiderandus, quod prospexerat, ne desideraretur»: Plinii *Panegyricus*, cit., p. 410 (= ed. BUR, cap. 10, p. 950).

Ecco allora che il re fanciullo, altro *topos* encomiastico già ricorrente anche nella panegiristica bizantina (ma di segno contrario rispetto al biblico *puer rex* di *Qohelet* 10, 16), si fa protagonista precoce di imprese belliche straordinarie, già soldato veterano quando ancora la peluria ne segnava le gote (c. 4*v*).[55] Inizia a questo punto un lungo elenco di vittorie militari sui nemici di sempre, Spagnoli, Olandesi e Tedeschi; terminato il quale è l'elogio della flotta francese, riconosciuta determinante non solo per il suo potenziale bellico ma anche per la sua funzione di difesa dei porti e delle navi mercantili, a culminare in un accenno pieno di disprezzo ai predoni del mare algerini, i Berberi, fortunatamente sgominati dall'uso di nuove armi, le «igniariae ollae missiles» (c. 9*r*).

Se dunque l'evocazione degli infedeli anticipa per analogia quella degli eretici, è il tema del successo militare, letto come prova certa della protezione divina, a introdurre l'ampio passo dedicato alla celebrazione della revoca dell'editto di Nantes, il provvedimento grazie al quale fu estirpata «l'ugonotta gramigna», per dirla con il Maggi della ricordata canzone-panegirico per Luigi:[56]

> Sed iam faelicitatis tuae rationem, Ludovice, quidque tibi tot palmas pepererit, si quisquam nosse cupit, religionem ego protinus indico, quae tibi adeo omnipotentem devinxit dexteram, ut caeli semper intersit te facere victorem. Vulgare nequaquam est pii principis opus floridissimo regno virulentam haereticorum luem abdicasse (c. 9*r*).

L'eresia può dunque essere rappresentata come ribellione al principe e insieme al cielo («caelo tibique infensum genus»), giacché chi ha calpestato le leggi divine può ben credersi in diritto di ripudiare quelle umane: «fas sibi ducunt humanis renunciare legibus, qui divinas ante proculcavere». È Dio stesso, perciò, ad armare Luigi, e lui solo, contro quella «tumultuariam gentem». L'eresia ha qui, e ben visibili, i tratti dell'anarchia: l'accusa rivolta ai protestanti francesi costretti dall'edit-

---

55 Per la panegiristica bizantina cfr. R. GENTILE MESSINA, *Alessio II Comneno nella panegiristica coeva*, in *Atti del VI congresso nazionale dell'Associazione Italiana di Studi Bizantini (Catania-Messina, 2-5 ottobre 2000)*, a cura di T. Creazzo e G. Strano, «Syculorum Gymnasium», n.s., LVII, 2004, pp. 311-326: 316: «L'esercizio delle armi e del coraggio, ma anche altre virtù come la capacità di resistere alle fatiche, il senno e la fermezza, sono posti in relazione con la giovane età del fanciullo. Il fatto che egli mostri un agire ed un sentire nettamente superiori ai suoi anni costituisce motivo di meraviglia e presagio fausto per il futuro».

56 Cito Maggi da MURATORI, *Della perfetta poesia italiana*, cit., p. 387 (è il v. 2 della strofa XI).

to di Fontainebleau all'espatrio o alla conversione, «vel trans regnum vel intra veram religionem degere coacti», è in particolare quella del "contemnere servitium" («servitio ante contempto»), di aver rinnegato il proprio *status* di sudditi. Il pericolo da loro costituito è soprattutto politico: essi sono «petulantes [...] superbosque homines, et vi numeroque audaces». Una minaccia, insomma, per la stabilità del regno. E squisitamente, abilmente politico è il provvedimento che eradica la «virulentam haereticorum luem»: un solo editto ottiene infatti, e in breve tempo («ex improviso»), ciò che invano e più volte si era tentato *manu militari*: «edicto uni debuimus quod tot antea bellorum motus incassum tentavere» (c. 9*v*).

Analogo significato politico assume anche l'opera di propagatore e protettore della vera fede svolta da Luigi fuori dai confini nazionali («fidem [...] dilatare in finitimos, aut protegere in extraneis»). Il punto è delicato. Il panegirista sa di mettere il dito su una piaga dolorosa e ancor fresca («delicatum» e «recens vulnus», c. 9*v*). Si tratta infatti di rievocare uno scacco politico e militare del Gran Re che è insieme una sconfitta della fede cattolica: il sostegno prestato da Luigi ai vani tentativi di recuperare il trono da parte del deposto sovrano d'Inghilterra, il cattolico Giacomo II Stuart:

> Multas tibi habet et habitura est gratias Britannia, cuius a Caroli Secundi nece catholicum regem recepisti et reddidisti, validaque dein armatorum manu ita fovisti, ut veterem illa iamiam sperare posset nitorem. Sed vicit hac vice perfidia, iterumque quaerere te hospitem Iacobus piissimus rex adactus fuit (*ibid.*).

Come il panegirista aggira l'ostacolo che questa malaugurata vittoria dell'eresia frappone al perseguimento dei fini encomiastici propri del discorso? Ci si potrebbe attendere un ricorso a prevedibili considerazioni di natura religiosa: ad argomenti provvidenzialistici, ad esempio, quali l'imperscrutabilità dei disegni divini, l'*ex malo bonum* e simili. Al contrario, a superare l'*impasse* è adibita, si direbbe, una sorta di retorica stoicheggiante, o stoico-cristiana, dell'eroismo morale: l'accento viene posto sulla «magnanimità» dimostrata nella sventura da entrambi i sovrani, Luigi accogliendo Giacomo esule spodestato, Giacomo virilmente accettando la perdita del regno; una *magnanimitas* che si declina in *constantia* (Giacomo), *munificentia* (Luigi) e *pietas* (entrambi):

> Memorabile utique in memoria temporum stabit teque tam magnifice excepisse tutarique fugientem, illumque tam sancte fugisse maioremque regno

regalem animum gessisse. Sublime ambo magnanimitatis documentum tulistis, ille vastum temnendo imperium, tu temnentem amplexando; ille animi constantia clarus, tu munificentia; pietate uterque (*ibid.*).

Solo in seconda battuta interviene l'argomento della speranza, ma enunciato in chiave inestricabilmente politica e religiosa: giacché l'auspicio è che anche nel futuro, come già in passato, la causa di Luigi divenga quella di Dio:

Fortassis etiam brevi vultum cum fortuna mutatura est Anglia, nimis enim magnum tutorem sibi caelum adscivit, Ludovicum nempe; et sperandum, quod modo facta sit Ludovici causa, quae Dei erat, sicut antea Dei causa semper facta est, quae Ludovici fuit. Vincat magnanimus rex, iam vincat: nunquam enim sibi tantum victurus est, sed et Deo (c. 10*r*).

Le vittorie di Luigi sono le vittorie stesse di Dio: il re *très chrétien*, per il Muratori del *Panegyricus*, è senza meno l'uomo della Provvidenza.

E anche nella *peroratio* finale, laddove il panegirista conclude il suo discorso invocando la protezione dei santi del cielo sul terrore degli infedeli, sicuro baluardo della fede («servate infidis terrorem, certum fidei propugnaculum servate», scrive con calibrata enfasi retorica), le ultime parole sono una *deprecatio* dell'eresia protestante: auspicarne l'eradicazione, dichiara ancora una volta Muratori, equivale ad augurarsi la preservazione del re cristianissimo:

tandemque aliquando domita haeresis frendat, immortalisque religionis imperio procumbat; seu, ut brevius omnia concipiantur vota, Ludovicus vivat (c. 15*r*).

V. «Il titolo di Grande»: Luigi XIV oltre il *Panegyricus*

Un ventennio dopo il panegirico, è soprattutto il mecenatismo a essere elogiato nella prefazione-dedica del *De ingeniorum moderatione* all'abbé Bignon, figura chiave del sistema di organizzazione luigiana della cultura:

Felices temporibus nostris litterae, quae Ludovicum magnum Galliarum regem habuere patronum, ejusque liberalitatem adeo sensere, ejusque auspiciis tantum crevere, ut nulla umquam aetas oblitura sit magnanimam curam consiliumque optimi regis. Sed non minus felices, quod te idem Princeps, eximius ingeniorum aestimator, constituerit Regiae Scientiarum et Artium Academiae praefectum, quo in munere nulli labori, nulli diligentiae pepercisti, ut in inte-

grum regnum, immo extra ipsius regni fines propagaretur disciplinarum omnium utilitas et curaretur incrementum.[57]

Ma di là dell'occasione dedicatoria e della sua prescritta retorica, l'opera si segnala, ai fini del nostro discorso, per i capitoli 7-13 del libro II, che esplicitano le ragioni di fondo del consenso dell'autore alla politica di *defensio fidei* luigiana.[58] Muratori vi sostiene la legittimità, al solito teologica e politica insieme, delle pene materiali erogate dai prìncipi per difendere l'integrità della fede nei loro Stati: una «moderata haereticorum vexatio» è «probata ab ipso Deo», sicché «ad summas potestates pertinet coërcere impios et a vera religione devios».[59]

L'affermazione discende dal rifiuto di uno Stato neutrale o indifferente ai valori religiosi: poiché la religione vera è quella cristiana, lo Stato, che persegue il bene comune, non può che appoggiarla; ne discende che lo Stato è tenuto alla persecuzione dei non cattolici.[60] Infondate, dunque, le «querimoniae» dei «novatores nostri temporis» all'indirizzo del cristianissimo «Galliarum regem», che da un ventennio «hisce castigationibus est usus» per risospingere i «Calvini sectatores» suoi sudditi nel grembo della Chiesa cattolica.[61]

---

57 *Viro illustrissimo d.d. Joanni Paulo Bignon, abbati Sancti Quintini, regalis et collegiatae S. Germani Antissiororensis decano, comiti consistoriano, utriusque Academiae Inscriptionum et Scientiarum praesidi, etc. Praefatio*, in Lamindi Pritanii [L.A. Muratorii] *De ingeniorum moderatione in religionis negotio*, Lutetiae Parisiorum, apud Carolum Robustel, 1714, pp. n.n. La dedica a stampa, riprodotta anche in *Epist.*, XII, n° 5877, pp. 5435-5441, reca la data del 29.X.1712. Quanto all'oratoriano parigino Jean-Paul Bignon (1662-1743), fu *grand commis* di Stato, predicatore e bibliotecario reale, figura di punta e riformatore dell'Académie française, dell'Académie des sciences, dell'Académie royale des inscriptions et médailles, anima dal 1705 del «Journal des savants», artefice di una riforma attenuativa del regime privilegiato di stampa, nonché autore di quattro apprezzatissimi panegirici per s. Luigi. Undici sue lettere (30.XI.1708-19.VII.1720) a Muratori si conservano in BEUMo, AM, 84.13. Su di lui può vedersi F. Fossier, *L'abbé Bignon*, Paris, L'Harmattan, 2018.

58 Cfr. Muratori, *De ingeniorum moderatione*, cit., pp. 263-333. Ancora utile, in proposito, U. Pellegrino, *La riforma della Chiesa in L.A. Muratori*, in *L.A. Muratori e la cultura contemporanea*, atti del convegno internazionale di studi muratoriani, Modena, 1972, Firenze, Olschki, 1975, pp. 333-343: 342.

59 Muratori, *De ingeniorum moderatione*, cit., p. 301, lungo il sommario del cap. 11. E cfr. *ivi*, p. 263: «Ad reges [...] seculique principes spectat salutaribus etiam poenis solicitare devios aut alienos a fide, ne in errore diutius perstent, neve eidem immoriantur».

60 «Religio Christi manifeste vera, eamque tueri pertinet etiam ad reges. Poenae utiles, ut haeretici in veritatem attentius oculos convertant. [...] Dissensiones in religione politico quoque regimini noxiae»: così sintetizza il sommario premesso al cap. 12 del l. II (*ivi*, p. 310).

61 *Ivi*, p. 263.

L'encomio del monarca *defensor fidei* si spingerà ben oltre *Panegyricus* e *De ingeniorum* per giungere sostanzialmente immodificato fino all'ultima produzione muratoriana: persistenza tanto più significativa quanto più subiscono decisi ridimensionamenti gli altri meriti già riconosciuti a Luigi. A partire dalle gloriose imprese militari, a far le spese delle quali è, alcuni anni dopo il panegirico, lo stesso ducato di Modena, occupato, invero pretestuosamente, dalle truppe francesi dal 1702 al 1707,[62] e di riflesso anche il Muratori funzionario estense, che dovette assistere al forzato esilio del proprio «principe naturale» e vedersi decurtato di più di un terzo lo stipendio dagli occupanti.[63] Non si stenta a comprendere lo spirito antifrancese e filoimperiale di un «vigoroso» sonetto vernacolo dettato da Muratori per la cacciata dei francesi ad opera dei tedeschi alleati agli Estensi (siamo dunque ai primi di febbraio del 1707).[64] Con la

---

[62] «Presero [...] i Franzesi dimoranti in Modena il pretesto di confiscare al duca Rinaldo d'Este tutte le sue rendite e mobili, perché il suo ministro in Vienna, [...] in passando l'arciduca Carlo, dichiarato re di Spagna, l'inchinò. A chi vuol far del male, ogni cosa gli fa giuoco»: *AdI*, p. 23.

[63] Se ne veda la petitoria senza data ma del 1704 o forse del 1705 indirizzata a Luigi XIV o a un suo ministro, nella quale il supplicante preannuncia come imminente una sua edizione della vita panegirica di Carlo V il Saggio composta da Christine de Pizan e «tirée d'un vieux ms.», ribadendo però che solo il reintegro dei «ses premiers gages» sarà «le moyen de luy faire croire qu'il est vrayment bibliothécaire et archiviste d'un roy, et du plus grand des rois», e gli consentirà di lavorare anche in seguito «à la gloire du roy, et à l'honneur de la nation françoise en Italie»: BEUMo, AM, 45.6.A, c. 2 (= *Epist.*, II, n° 723, p. 788, che data dubitativamente al 1705). Di analogo tenore una supplica parimenti in francese e in terza persona, rivolta a un ministro francese e non datata, ma di poco successiva (vi si dicono già editi i *Prolegomena ad veritatis et pacis amantes*, 1705, *sub proelo* la *Perfetta poesia*, 1706, e in preparazione gli *Anecdota Graeca*, a stampa solo nel 1709, e il *De ingeniorum moderatione*, 1714), supplica che salvo errore non è compresa in *Epist.*: BEUMo, AM, 48.1. Va aggiunto, con l'occasione, che Muratori non pubblicò mai la progettata edizione del *Livre des faits et bonnes mœurs du sage roy Charles V* della Pizan, probabilmente per il rifiuto opposto da Michel Chamillart, ministro di corte di Luigi XIV, a vedersi dedicata l'opera: sempre che nel *Livre*, come sembra logico, vada identificata l'«histoire de Charles 5» di cui Chamillart scrive a Muratori il 22 luglio 1705 (BEUMo, AM, 84.27.1; non «Charles 4», come mi parve di leggere in C. Viola, *Muratori-Fontanini: fine di un'amicizia (e di un carteggio)*, in *«L'uomo, se non teme fatica, può far di gran cose». Studi muratoriani in onore di Fabio Marri*, a cura di A. Cottignoli e F. Missere Fontana, «Muratoriana On Line», num. spec. 2020, pp. 325-342: 335 n.). Non risulta conservato alla BEUMo l'antico manoscritto ricordato nella lettera muratoriana come base dell'edizione: se anch'esso va annoverato tra i «manuscrits de la Bibliothèque du Roy» dai quali, nella stessa lettera, Muratori dice di aver tratto parte delle opere che sta pubblicando, potrebbe forse trattarsi dell'attuale Ms. fr. 10153 della Nationale di Parigi, fondandosi sul quale Suzanne Solente approntò la propria edizione critica dell'opera pizaniana (Paris, Champion, 1936; per un'edizione italiana moderna cfr. C. de Pizan, *La vita e i buoni costumi del saggio re Carlo V*, a cura di V. Rossini, Roma, Carocci, 2010).

[64] L.A. Muratori – P. Gherardi *et alii*, *Vocaboli del nostro dialetto modanese. Con appendici reggiana e ottocentesche modenesi*, a cura di F. Marri, M. Calzolari, G. Trenti, Firenze, Olschki,

benedizione dei santi patroni della città, Geminiano, Omobono e Contardo, i sapidi versi augurano un liberatorio «buon viaz» a quella «razza impartinent d' Gall» che fino ad allora era andata «razzand i furment» e seminando il morbo che da essa prende il nome: perché il «pullar» modenese è fatto per un «uslazz più gross», l'aquila imperiale, non per altro volatile.[65]

Qualche imbarazzo per l'aggressivo espansionismo militare francese, del resto, emerge anche tra le volute debitamente retoriche di un testo dagli evidenti risvolti politici: la dedicatoria muratoriana di una collettanea di versi al «Potentissimo Sire» di Francia allestita in ambiente modenese per le nozze di Filippo V di Spagna, nipote del Re Sole.[66] Difficile dire, purtroppo, se l'iniziativa epitalamica vada riferita al primo matrimonio di quel sovrano, quello con Maria Luisa di Savoia del novembre 1701, oppure al successivo del dicembre 1714 con Elisabetta Farnese: se cioè siamo alla vigilia del conflitto per la successione spagnola che vede l'invasione francese di Modena, oppure all'indomani della pace di Rastatt, come sembra attestare l'accenno, che si legge nella seconda parte dello scritto, alla «pace» con cui Luigi avrebbe «addottrinato l'amore» e la «riverenza de' popoli italiani» verso di lui.[67] Fatto sta che riaffiorano

---

1984, pp. 19-20; F. Marri, *L.A. Muratori, un europeo di oggi*, Vignola, Lions Club Vignola e Castelli medievali, 2005, p. 19.

[65] È il sonetto *Buon viaz a i sgnor franzes*, che cito da G. Moreali, *L.A. Muratori poeta dialettale*, «Muratoriana», 15, 1969-1973, pp. 37-41: 39.

[66] L'originale autografo della dedicatoria (BEUMo, AM, 48.18.19), da cui cito, è una minuta con correzioni priva di data. In *Epist.*, XII, n° 5880, p. 5444, restando decisamente sul vago, una nota dell'editore avverte trattarsi «di una dedica di Poesie a Luigi XIV nell'occasione del matrimonio di un suo nipote con una principessa italiana», senza nulla aggiungere al poco che si ricava dalla dedicatoria stessa. L'identificazione del nipote di Luigi XIV in Filippo V di Spagna fatta a testo appare l'unica possibile: la dedicatoria parla della sposa come di principessa italiana, «una delle *nostre* più riguardevoli principesse». Ora, tra gli oltre quindici nipoti del Gran Re, due soli ebbero per mogli principesse italiane, Filippo V di Spagna e Luigi di Borbone-Francia duca di Borgogna (1682-1712); il secondo sposò Maria Adelaide di Savoia, ma le nozze furono celebrate nel 1696 a Torino, per procura, e l'anno dopo a Versailles: date troppo alte perché al giovane Muratori, non ancora al servizio del duca di Modena, potesse affidarsi la stesura di un testo come quello in questione.

[67] La data proposta da *Epist.*, «Modena, 1714», si riferisce evidentemente alle nozze di secondo letto di Filippo V: Càmpori, dunque, avrebbe potuto ulteriormente precisarla in *paulo ante* 16 settembre 1714, giorno in cui quelle nozze furono celebrate, come risulta anche dagli *AdI*, p. 91, e più succintamente dalla «continuazione» delle *Antichità estensi*: «Fu ancora nel dì 16 del settembre del 1714 solennemente sposata in Parma da quel duca Francesco a nome di Filippo V re delle Spagne la principessa Elisabetta Farnese, figliuola del principe Odoardo suo fratello, nato da Ranuccio e da Maria d'Este duchi di Parma» (L.A. Murato-

sulla pagina gli epiteti già noti (*potentissimo*, *magnanimo*, *giustissimo*) e riappare la *tournure* encomiastica del panegirico giovanile; nella prima parte, però, sotto l'encomio di superficie si avverte netto l'imbarazzo sopra ricordato per l'imperialismo luigiano:

> Non si ristringe tra' confini della Francia l'imperio della V.M., ma mercé la gloria vostra stendendosi sopra l'altre provincie, vi fa regnar o col terrore o coll'amore nel cuore delle genti ancor più straniere. Quindi le muse italiane anch'esse impararono a porgervi tributo e ad accordar con ambizione il lor canto al plauso de' vostri sudditi nelle gloriose nozze del vostro real nipote. Ne' trionfi vostri, monarca magnanimo, avete riservato all'Italia stessa una tal parte di gloria, che non meno della Francia ha essa interesse in un sì felice imeneo. Quando il poter delle vostre armi più minacciava nelle nostre provincie, avete sul trono della Francia condotto il nostro timore col sollevarvi là una delle nostre più riguardevoli principesse. In tal guisa avendo vinto voi stesso in mezzo alle vittorie, avete fatto trionfare con voi l'Italia, allor ch'essa più temeva di dovervi servir prigioniera.[68]

Si comprende allora come, morto da tempo il Gran Re, le imprese militari e la «dilatazione del regno» sembrino glorie che ormai «patisc*ono* non poche difficultà» al Muratori della *Pubblica felicità* (1749), l'opera che più e meglio di ogni altra sua ne ricapitola la riflessione sui temi della

---

RI, *Delle antichità estensi continuazione o sia parte seconda*, Modena, Stamperia Ducale, 1740, cap. XIX, p. 662). Peraltro, se in ambito estense-modenese fu davvero realizzato un *nuptiale* per Filippo V (nulla è emerso da un primo spoglio del fondo Archivio per materie, letterati, dell'Archivio di Stato di Modena), esso non dovette approdare alle stampe: non ne fanno cenno cronisti coevi come il dettagliatissimo Giuseppe Maggiali (*Ragguaglio delle nozze delle maestà di Filippo Quinto e di Elisabetta Farnese nata principessa di Parma re cattolici delle Spagne solennemente celebrate in Parma l'anno 1714 ed ivi benedette dall'eminentissimo sig. cardinale di S. Chiesa Ulisse Giuseppe Gozzadini legato a latere del sommo pontefice Clemente Undecimo*, Parma, Stamperia di S.A.S., 1717) o il prolisso politico sardo-iberico Vicente Bacallar y Sanna (*Comentarios de la guerra de España e historia de su rey Phelipe V el Animoso desde el principio de su reynado hasta la paz general del año 1725*, Genova, Garvizza, 1725, 2 tt.). Né recano dedicatorie di Muratori le due sole collettanee che mi risultino pubblicate per le seconde nozze reali (per le prime è attestata soltanto la stampa di un *Panegirico* di Giacomo Emilio Sorini, Roma, Placho, 1702), gli *Applausi di giubilo per le gloriose nozze di Filippo Quinto e di Elisabetta Farnese monarchi delle Spagne*, Cesena, Ricceputi, 1714 (accompagnati da un *Discorso accademico* di Benedetto Bondigli, stampato in foglio volante) e i *Componimenti poetici nelle gloriosissime nozze della serenissima sig. principessa Elisabetta Farnese colla maestà di Filippo V re delle Spagne*, Piacenza, Bazachi, 1714: cfr. O. PINTO, *Nuptialia. Saggio di bibliografia di scritti italiani pubblicati per nozze dal 1484 al 1799*, Firenze, Olschki, 1971, pp. 65-66, n[i] 595-596; G. BOSI MARAMOTTI, *Le muse d'Imeneo*, Ravenna, Edizioni del Girasole, 1996, p. 161. Ma la questione reclama ulteriori approfondimenti.

68 BEUMo, AM, 48.18.19, c. 2*r*.

sovranità e del vivere associato. A perpetuare la memoria di Luigi (e non più di lui solo), è invece il mecenatismo, inteso in senso largo, anche e soprattutto come promozione dell'economia e delle opere di pubblica utilità:

> Quello che sommamente rendé commendabile presso i presenti e i posteri la memoria del glorioso re di Francia Lodovico XIV, non furono le conquiste e la dilatazione del regno, perché questo punto patisce non poche difficultà, ma bensì l'avere in tante maniere migliorato ed accresciuto l'esercizio dell'arti, promosso lo studio delle lettere, accalorato il commerzio, istituiti spedali, scuole di milizia, di marina, con tante altre invenzioni o utili o decorose al suo regno.[69]

Ma il raffronto più significativo è con l'ultima parte degli *Annali d'Italia* (edita nel 1749): vi si legge, all'anno di Cristo 1715, una sorta di epitaffio in onore del sovrano francese, morto proprio quell'anno «con sentimenti di viva cristiana pietà». In esso, di là dai meriti che diremmo professionali (il mecenatismo nel senso già detto e l'espansionismo territoriale), il principale merito («sopra tutto») che dopo oltre mezzo secolo il vecchio poligrafo ancora riconosca al Gran Re, al monarca che fu il dominatore incontrastato della scena politica negli anni della sua formazione, è proprio la difesa della religione cattolica, e in particolare l'estirpazione della «gramigna ugonottica», come dice riprendendo ancora una volta le precise parole del suo Maggi, il poeta della sua gioventù:

> Si godeva intanto il re cristianissimo Luigi XIV il contento di avere assicurata sul capo del nipote Filippo V la corona di Spagna e di avere restituita al suo regno la desiderata pace, quando venne Dio a chiamarlo all'altra vita. Era egli giunto all'età di settantasette anni; ne avea regnato settantatré oltre il costume de' suoi antecessori. Il dì primo di settembre fu l'ultimo del suo vivere, ed egli con intrepidezza mirabile, con sentimenti di viva cristiana pietà e pentimento de' suoi falli, lasciò a' suoi discendenti quelle massime più giuste di governo ch'egli talvolta in sua vita dimenticò. Nel bollore spezialmente de' suoi anni gli

---

69 L.A. Muratori, *Della pubblica felicità oggetto de' buoni principi, seguito dai Rudimenti di filosofia morale per il principe ereditario*, a cura di M. Al Kalak, con un saggio di C. Mozzarelli, presentazione di F. Marri, Roma, Donzelli, 2016, cap. III, p. 21. E cfr. anche *ivi*, cap. V, p. 31: «L'ampliare i confini del dominio proprio è riserbato a ben pochi potentati, e ordinariamente questo vantaggio si compra colla rovina del proprio paese. Ma facile è bensì a qualsivoglia de' prìncipi, se pur vogliono daddovero, il migliorar quella porzione di stati che Dio ha assegnato al loro governo». E nel cap. VI, p. 44, parlando della utilissima fondazione di «copiose biblioteche» da parte degli «ottimi prìncipi» e del mecenatismo in genere: «Gloria singolare per questo si sono acquistati a i dì nostri Luigi XIV il Grande re di Francia e Pietro il Grande imperador della Russia, a' quali s'ha da aggiugnere Vittorio Amedeo re di Sardegna».

aveano presa la mano l'incontinenza, lo spirito conquistatorio, senza misurarlo talvolta colla giustizia, e l'ansietà di far tremare ciascuno co i fulmini della sua potenza. Ciò non ostante, pregi sì rilevanti si raunarono in questo monarca per la sua gran mente, per aver nel suo regno proccurata la gloria delle lettere, l'accrescimento dell'arti e l'utilità del traffico, per la magnificenza delle fabbriche, per aver dilatati ampiamente i confini del suo regno, e sopra tutto protetta la religione de i suoi maggiori, con espurgare dalla gramigna ugonottica i suoi Stati, senza far caso della perdita di tanti sudditi, di tante arti e di tanto oro, in tale occasione asportati: che secondo l'estimazione comune giustamente si meritò il titolo di Grande. A questo rinomatissimo monarca succedette il pronipote Luigi XV.[70]

All'iniziale sottolineatura del *transitus* cristiano fa qui riscontro il riconoscimento conclusivo dell'avere Luigi «sopra tutto protetta la religione de i suoi maggiori»: anzitutto questi, per lo storico, i «pregi» che «giustamente» hanno meritato al defunto sovrano «il titolo di Grande»; questi, anche, i meriti che, per il Muratori cattolico e prete, è decisivo che ogni uomo possa vedersi riconosciuti *in mortem*. Nel taglio di questo bilancio muratoriano, non pare difficile scorgere la filigrana del paolino «bonum certamen certavi, cursum consummavi, fidem servavi» (2 *Tim* 4, 7); e non è agevole sottrarsi all'impressione che chi scrive, ben conscio di essere ormai giunto al termine dei suoi giorni, faccia anche, con l'occasione, un bilancio della propria esistenza, una sorta di esame di coscienza per interposta persona.

In questa prospettiva, allora, l'accenno agli svantaggi demografici, sociali ed economici causati allo Stato francese dall'esodo ugonotto non andrà letto, credo, come larvato biasimo di un atto politico nocivo, ma piuttosto come lode di un atto magnanimo, di doverosa rinuncia di un bene tutto sommato inferiore e relativo in vista di un altro superiore e inderogabile: l'integrità cattolica della nazione, fattispecie politica della *defensio fidei*.

Certo, la lode che il Muratori degli *Annali* rivolge a Luigi per la revoca dell'editto di Nantes potrà anche sembrarci «troppo stonata», come «troppo forti» le «invettive contro i protestanti»;[71] ma sarà bene registrare la prima e le seconde senza pretese anacronistiche, appaiandole ad altre, diverse eppur presenti istanze di riforma religiosa e di autonoma conside-

[70] *AdI*, p. 95.

[71] Tali apparvero al compianto Bertelli, *Erudizione e storia*, cit., p. 467.

razione dei fatti politici, entro quella mediazione tra 'vecchio' e 'nuovo' – le virgolette sono d'obbligo – che caratterizza l'opera muratoriana.[72]

[72] Tuttora preziose, a questo proposito, le osservazioni di un altro benemerito studioso di Muratori (e di molto altro) ora scomparso, M. Rosa, *Riformatori e ribelli nel Settecento religioso italiano*, Bari, Dedalo, 1969, e, per gli *AdI*, Id., *Rileggendo Muratori tra politica e storia*, in *Politica, vita religiosa, carità. Milano nel primo Settecento*, a cura di M. Bona Castellotti, E. Bressan, P. Vismara Chiappa, Milano, Jaca Book, 1997, pp. 33-41.

NOTA AL TESTO

I. Descrizione del manoscritto

Il manoscritto autografo del panegirico è conservato alla BEUMo, AM, Filza 2, fasc. 6b, ed è ora riprodotto integralmente in Internet Culturale, nella piattaforma digitale della stessa BEUMo (Estense Digital Library).[1]

Si tratta di un quadernetto in buono stato di conservazione, alto 188 mm e lungo 132 mm. Si compone di 8 fogli che, piegati a metà, formano 16 carte; il testo occupa 14 carte e parte del *recto* della quindicesima. I fogli sono rilegati da due cuciture in spago sottile, ciascuna delle quali misura 20 mm, poste a una distanza fra loro di 126 mm. Sul *verso* dell'ultima carta, in alto, nell'angolo sinistro, si legge un appunto vergato perpendicolarmente alle linee di scrittura del panegirico: «dimani scriverò: addesso / sta sul partir il Nostro / Sig.r Sig.re». La carta è di un certo spessore e presenta una filigrana raffigurante un animale alato incoronato, forse un'aquila, posto al centro del foglio, parallelamente alla linea di scrittura.[2] I margini interni, speculari, misurano in larghezza 22 mm, cucitura compresa. Ciascuna carta è numerata sul *recto* con numero arabo apposto a lapis nell'angolo in basso a sinistra. Le prime cinque carte riportano sull'angolo destro evidenti lacerazioni, in particolare la terza. Il testo muratoriano segue con precisione il margine slabbrato; ciò significa che, al momento della stesura, i fogli che formavano il quadernetto presentavano già questa alterazione.

---

1 http://www.internetculturale.it/jmms/iccuviewer/iccu.jsp?id=oai%3Awww.internetculturale.sbn.it%2FTeca%3A20%3ANT0000%3AMO0089_A.M-02.06.b&mode=all&teca=MagTeca+-+ICCU.

2 Filigrana assai simile a quella del 1660 registrata dal *Corpus Chartarum Italicarum*, https://cci-icpal.cultura.gov.it/it/it/documenti/detail/302.html, proveniente dall'Archivio notarile di Modena e conservata all'Istituto Centrale per la Patologia degli Archivi e del Libro (ICPAL) di Roma, faldone II, segn. icpl.cci.II.130.a.

Sulla prima pagina, che, mancando il quadernetto di copertina e dorso, funge anche da frontespizio, sono vergati il titolo e un'annotazione posta in alto a sinistra recante il nome dell'autore, «Lud. Ant. Muratori», seguìto dall'indicazione dell'anno «1694». Tuttavia, come si è anticipato nel § II dell'*Introduzione*, la stesura del manoscritto ha come termine *ante quem* il giorno 13 ottobre 1693 («3 Id. Octob. 1693»), data della lettera accompagnatoria con la quale il giovane Muratori invia il manoscritto all'amico Gian Giacomo Tori affinché questi, a sua volta, lo trasmetta al padre Bacchini. Che il contenuto dell'autografo sia identico a quello della copia inviata agli amici modenesi è confermato dalla missiva inviata da Muratori allo stesso Tori il 23 ottobre 1693, nella quale si accenna a una correzione di cui il destinatario deve tener conto e che risulta infatti inserita nel manoscritto estense come variante tardiva.[3] Sempre sulla prima pagina, come anche su quella conclusiva, in alto, tra il titolo e il primo capoverso, è apposto, entro un rettangolo, il timbro con la sigla della Biblioteca Estense: «B.E.». In alto a sinistra è indicata, a matita, la segnatura, 2/6b, al di sotto della quale si trova un segno rosso impossibile a decifrarsi (forse un «19.»?); infine, sul margine destro compare un numero romano, XXXI, anch'esso scritto a lapis.

La scrittura minuscola corsiva, molto regolare e caratterizzata da un *ductus* inclinato a destra, è inequivocabilmente autografa di Muratori. Il tratteggio è sostanzialmente leggero, ossia privo di contrasti fra i tratti che costituiscono le singole lettere. Sulla carta è tracciata una rigatura, oggi pressoché invisibile, che ha permesso allo scrivente di rispettare l'allineamento orizzontale del testo in modo da farlo coincidere su entrambe le facciate del foglio. L'inchiostro utilizzato è piuttosto denso e tradisce una composizione metallica poco raffinata, in particolare quello con cui sono scritte le correzioni.

Queste ultime, più numerose nella parte centrale e finale del testo, sono spesso inserite nello spazio interlineare e richiamate dal segno ^ a piè di linea. Il testo sostituito è cassato da un tratto di penna orizzontale più o meno spesso, in alcuni casi tale da impedirne la decifrazione. Le varianti sono per lo più sostanziali e tardive. Tra queste si possono distinguere, anche per il diverso inchiostro, *a*) varianti tardive risalenti a una prima fase di stesura, a ridosso della redazione definitiva del testo, poche in verità e vergate in bella grafia e con inchiostro più chiaro,

---

[3] Cfr. *Epist.*, I, n[i] 22 e 24, pp. 43-45. Gli originali di queste lettere sono conservati in BEUMo, AM, 48.18.

tra cui quella menzionata nella lettera al Tori del 23 ottobre 1693, e *b*), più numerose, varianti tardive appartenenti a una seconda fase, inserite con inchiostro più scuro. Poche quelle che possono dirsi immediate, presenti peraltro anche all'interno di alcune varianti tardive di maggior lunghezza e, in particolare, in due note sostitutive poste a margine del testo alle carte 5*r* e 5*v*. Generalmente, i ripensamenti più evidenti sono contenuti, talvolta anche in modo alquanto disordinato, proprio in queste ultime correzioni, apposte sicuramente a distanza di tempo rispetto alla stesura finale dell'opera. Sono varianti che presentano la stessa grafia e apparentemente lo stesso tipo di inchiostro utilizzato per il commento finale posto dall'autore in calce al documento: «Fatica giovanile. Qualche pezzo v'ha tollerabile. Il tutto nulla vale» (c. 15*r*). Quel *giovanile* e l'affermazione fatta da Gian Francesco Soli Muratori nella biografia dello zio[4] fanno pensare che le varianti tardive della cosiddetta seconda fase siano state apposte qualche anno dopo, così come il commento finale. Nelle intenzioni dell'estensore, dunque, l'autografo estense non costituisce una bozza, almeno in un primo momento, ma una redazione compiuta del testo; solo in seguito, dopo l'invio di una copia al Bacchini tramite il Tori, ulteriori ripensamenti determinarono quelle varianti tardive, le quali, in quanto espressione dell'ultima volontà dell'autore, si è deciso senz'altro di mettere a testo.

Nello stesso fascicolo si trovano contenuti altri due fogli singoli, a quanto pare non di mano muratoriana. Sono numerati con lo stesso tratto a lapis rispettivamente con un «17» e un «18», a proseguire la numerazione del fascicoletto. La c. 17, originariamente ripiegata in tre parti, contiene sul *recto* un messaggio di difficile interpretazione a firma dell'«affettuosissimo cognato» di Muratori e sul *verso* alcuni pensieri, i primi due dei quali, tratti da una versione francese dell'*Oráculo manual* di Baltasar Gracián, hanno attinenza con il soggetto del panegirico: «La monarchie avoit besoin de vous, et non vous d'elle»,[5] e «Plusieurs princes ont été grans, parce qu'ils étoient hureux: mais vous, Sire, vous étes hu-

---

[4] Vedi *supra* l'*Introduzione* al § I.

[5] Il prelievo è a carico dell'edizione francese allora più diffusa dell'*Oráculo manual y arte de prudencia* (1647) del gesuita aragonese, quella tradotta e commentata da Amelot de la Houssaye, della quale tra il 1684 e il 1693 uscirono ben nove edizioni; tratto da *El político don Fernando el Cathólico* (1640), il noto elogio del monarca spagnolo dettato da Gracián, il passo citato è riferito da Amelot nella sua *Epître* dedicatoria dell'opera *Au Roi*. Lo riscontro in B. Gracián, *L'homme de cour traduit de l'espagnol... par le sieur Amelot de la Houssaie. Avec des notes*, Paris, veuve Martin et Jean Boudot, 1684, pp. [v]-[xxxi]: [xx].

reux, parce que vous étes grand».[6] Nessuno dei due pensieri, peraltro, è ripreso nel panegirico; è anzi verosimile che il foglietto di *excerpta*, forse redatto dalla mano di un collaboratore di Muratori, sia posteriore alla stesura del panegirico.[7] La c. 18, invece, riporta sul *recto* un sonetto, sempre in onore di Luigi XIV.[8] Sul *verso* dello stesso foglio si leggono alcune riflessioni su san Francesco di Sales e un sonetto a lui dedicato. Il foglio singolo misura 135 × 198 mm; piegato a metà, all'altezza di 100 mm circa presenta una foratura centrale del diametro di 2 mm.

II. Criteri di trascrizione

L'edizione qui proposta, che riproduce il testo in ogni sua parte, si ispira ai criteri sostanzialmente conservativi fissati per l'Edizione Nazionale del Carteggio muratoriano: rispetto dell'ortografia originaria, scioglimento tacito delle brachilogie non più in uso, razionalizzazione del sistema maiuscole/minuscole, cauto ammodernamento dei segni paragrafematici (punteggiatura compresa).[9]

Quanto all'ortografia, si sono

– mantenute le iniziali maiuscole nei soli sostantivi *Deus*, *Numen* (= *Deus*) e *Senatus*, oltre che, ovviamente, nei nomi propri (*Nero*, *Ludovicus*), in

---

[6] *Ivi*, p. [xvi]. Diversamente dalla precedente, questa *sententia* è di Amelot, non di Gracián; *hureux* per *heureux* è del testo a stampa.

[7] Il terzo aforisma, infatti («Il morir da bravo è morir da pazzo, se si muore per un solo punto d'onore»), trova riscontro *in limine* al capitolo I della muratoriana *Introduzione alle paci private*, uscita a stampa nel 1708 ma scritta cinque anni prima, nella primavera-estate del 1703: «morir più da forsennati che da forti» (L.A. Muratori, *Introduzione alle paci private... S'aggiungono un ragionamento di* Sperone Speroni *intorno al duello e un trattato della pace di* Giovam-Batista Pigna *non pubblicati finora*, Modena, Bartolomeo Soliani, 1708, p. 1). È certo possibile che l'appunto sia posteriore alla stampa; ma anche volendolo considerare, altrettanto legittimamente, prossimo alla stesura o preparazione dell'opera, esso non potrebbe che essere successivo di circa un decennio rispetto al panegirico. La mano che ha vergato il foglietto 17 non pare identificabile in quella di alcuno dei collaboratori a noi noti di Muratori (Pietro Ercole Gherardi, Giuseppe Bertagni, Gian Francesco Soli Muratori), i quali del resto affiancarono l'erudito vignolese in anni più tardi.

[8] Lo si veda trascritto qui *supra*, al § II dell'*Introduzione*.

[9] Cfr. le *Norme per l'Edizione del Carteggio muratoriano*, a cura di F. Marri, Modena, Aedes Muratoriana, 1989, aggiornate nel 2003 e pubblicate in edizione digitale nel 2010 dal Centro di studi muratoriani di Modena, https://www.centrostudimuratoriani.it/carteggio/norme-editoriali/. Ho discusso di questi criteri editoriali in C. Viola, *Per il carteggio Muratori-Magliabechi. Considerazioni e restauri filologici*, «Studi e problemi di critica testuale», 86, 2013, 1, pp. 49-88.

quelli di popoli (*Galli*, *Germani*), negli aggettivi patrionimici (*Romanus*, *Sabaudiensis*) e nell'unico caso di ordinale dinastico (*Carolus Secundus*); abbassate, invece, in termini come i seguenti: *Academia*, *Annus* (in testa al manoscritto), *Augustissimus*, *Augustus*, *Bonus*, *Caelum*, *Caesar* ('sovrano'), *Catholicus*, *Christianissimus*, *Clarissimus*, *Dominans*, *Ducatus*, *Dux*, *Fides*, *Gloriosissimus*, *Haereticus*, *Imperator*, *Ipse*, *Iustissimus*, *Iustitia*, *Iustus*, *Magnanimitas*, *Magnanimus*, *Magnus*, *Maior/-res*, *Maximus*, *Myoparo*, *Nauclerus*, *Optimus*, *Ornatissimus*, *Palatinus*, *Panegyricus*, *Parens*, *Pater*, *Phaselus*, *Planeta*, *Potentissimus*, *Praefectus*, *Primogenitus*, *Primor*, *Princeps*, *Procerus*, *Rector*, *Regalis*, *Regnum*, *Religio*, *Religiosissimus*, *Rex*, *Vir*;
- rispettate le oscillazioni grafiche: *-ae-*/*-oe-* (nei dittonghi, anche nel caso di forme inconsuete come *faecunda*, 3*v*, *faeliciter*, 1*v*, *faelicius*, 3*r* e 4*r*, *faelicitatis*, 9*r*, ecc.), *numquam*/*nunquam* e simili;
- ridotte a *i* tutte le *j*, sia iniziali (*jam*; *juvat*) sia interne (*subjecto*; *major*);
- distinte le *u* dalle *v* secondo l'uso attuale;
- omessi i segni prosodici latini (*praesentiâque tuâ*; *profectò*; *è maiorum tuorum gloria*), di cui Muratori, del resto, fa un uso incerto e fortemente oscillante.

Per l'interpunzione, si sono

- conservati i punti fermi in chiusura di periodo;
- espunte le virgole che precedono le congiunzioni copulative (*et*, *ac*, *atque*, *-que*) o le particelle disgiuntive (*aut*, *vel*, *-ve*) nelle dittologie sostantivali (*moderatione, et benignitate*; *stupore, ac amore*), aggettivali (*squallida, et exanimata*) e verbali (*devicisse, atque cepisse*; *inveniant, aut faciant*);
- mantenute le virgole davanti a subordinate relative (anche non appositive: *omnia, quae noscis*), interrogative indirette, comparative, temporali, consecutive, ma non a infinitive (*Maximum est, aditum sperare*) e completive (*sustine, ut invideamus*);
- introdotte le virgole a chiudere a sinistra e/o a destra i pochi vocativi che ne erano privi;[10]
- trasformate alcune virgole in punti e virgola o due punti laddove i confini proposizionali richiedevano un'interpunzione più marcata.[11]

---

[10] *gratulemini ornatissimi viri*, > *gratulemini, ornatissimi viri*, (c. 3*r*); *prodiisti magne Ludovice et...* > *prodiisti, magne Ludovice, et...* (c. 4*r*).

[11] *Iidemque erunt etiam, qui adhuc fuere hostes tui, nimirum spem longam irrito successu quotidie metientur* > *Iidemque erunt etiam, qui adhuc fuere hostes tui; nimirum spem longam irrito successu quotidie metientur* (c. 6*v*); *pro Deo dereliquit, amisisse autem pro Deo* > *pro Deo dereliquit;*

Sono state sciolte tacitamente tutte le abbreviazioni paleografiche, del resto conformi al sistema abbreviativo tradizionale (*-e* cedigliata per *-ae*; *titulus* per segnalare contrazione interna a una parola; taglio orizzontale del gambo della *p* in luogo di *per*; tratto ricurvo alto a forma di uncino a prosecuzione del gambo di una vocale per *-m*, *-n*, *-st*; due punti dopo *q* per l'enclitica *que*; ma anche *Lud:*^{e} per *Ludovice*).

Ogni inizio di nuova pagina è stato segnalato riportando in grassetto entro parentesi quadre il numero della carta seguìto dall'abbreviazione *r* / *v* (*recto* / *verso*).

L'unico capoverso indicato espressamente nel manoscritto (c. 2*v*, penultima riga, prima di *Mecum nonnunquam*) è stato segnalato con la barretta obliqua /. Un solo altro accapo è stato inserito redazionalmente alla c. 14*v*, prima di *Verum in nimiam*, a marcarvi l'evidente trapasso del discorso.

È stato mantenuto il segno # con cui Muratori, in quattro luoghi alle cc. 4*r*/*v* e 5*v*, perimetra due blocchi di testo cui molto probabilmente intende dare particolare risalto.

Come si è già precisato, il testo è nel suo complesso inedito: solo alcune pagine furono trascritte e pubblicate da Niccolò Tommaseo in occasione del primo centenario muratoriano, con un testo coincidente quasi *in toto* con quello fissato nella presente edizione.[12]

III. Note

L'edizione prevede un duplice apparato di note: il primo, in calce al testo latino, contiene informazioni di carattere filologico che dànno conto dello stato del manoscritto (presenza di varianti, cassature, riscritture, parole di difficile lettura ecc.) e delle scelte operate dall'editore; il secondo, a piè pagina della versione italiana, ha note di carattere esegetico, più particolarmente di contenuto linguistico, storico e letterario.

---

amisisse autem pro Deo (c. 10*r*); *Vincat magnanimus rex, iam vincat, nunquam enim sibi tantum victurus est, sed et Deo* > *Vincat magnanimus rex, iam vincat: nunquam enim sibi tantum victurus est, sed et Deo* (*ibid.*); *Atqui non populus tantum munificentia tua oneratur, regnum totum beneficiis tuis patet* > *Atqui non populus tantum munificentia tua oneratur: regnum totum beneficiis tuis patet* (c. 11*r*); *Intelligo plane, rex maxime, quum tantum posses, incongruum tibi arbitratus esses nisi tantum velles* > *Intelligo plane, rex maxime: quum tantum posses, incongruum tibi arbitratus esses nisi tantum velles* (c. 12*r*).

12 Tommaseo, pp. 315-316 n. Delle parti ivi trascritte e delle differenze di lettura che esse presentano si è data precisa indicazione *ad locum*, in nota.

IV. Distribuzione del lavoro e ringraziamenti

Pur avendo i due curatori condiviso ogni decisione e collaborato in ogni fase del lavoro, a Gabriele Burzacchini si deve in particolare la curatela del testo latino (trascrizione e annotazione) e la versione italiana, mentre a Corrado Viola l'ideazione e l'impianto complessivo del lavoro, nonché l'*Introduzione*, le note esegetiche in calce alla versione italiana, questa *Nota al testo*, l'allestimento dell'apparato iconografico e i paratesti iniziali e finali.

I curatori ringraziano con sentimenti di amicizia Fabio Marri, presidente del Centro di studi muratoriani di Modena e impareggiabile conoscitore dell'opera del vignolese: alla sua generosità devono l'accoglienza del presente lavoro in questa «Biblioteca dell'Edizione Nazionale del Carteggio» e alcuni preziosi suggerimenti, messi a frutto, si spera al meglio, specialmente nell'*Introduzione*.

La riproduzione delle immagini qui riportate è stata gentilmente autorizzata da Gallerie Estensi - Biblioteca Estense Universitaria, Modena.

Panegyricus Ludovico XIV Christianissimo Galliarum Regi.

Si [illegible] adhuc inter tot mirandorum operum continuatam sen=
sum, quę sibi maximam, Rex gloriosissime, ingenii, consi=
liique tui partem adiudicare consuescit, sibi externas
voces audiendo qui locus foret, facile hodiernę temeri=
tati meę excusationem aliquam ex moderatione et be=
nignitate tua compararem, facile quid de te sen=
tiat Italia, citra tędii timorem exprimere conten=
derem. Siquidem ingenitę tuę humanitatis exactor te in
auditorium compellarem, et immemor qui, et apud quem pro=
locuturus essem, modestię tuę tuis de laudibus sup=
plicium facere non dubitarem. At quum tot illustris
glorię argumentis districtam magnam mentem tuam a=
nimaduertam, quum in te uno tam dissitarum rerum, re=
gnique florentissimi administrationem, fortunam, com=
plementum omnem sitium intuear, in desperationis neces=
sitatem oratio mea trahatur oportet. Ut quid enim
debitum moderationi tot victoriarum caput mihi usur=
pare, suumque duces exercitibus, suum Senatui Recto=
rem, suum amantissimis populis Parentem minima dii
parte surripere audeam? Sic et mea dicentis tenuita=
te pensata, dum post innumeros alios, quos in
1 Principis optimi encomia eloquentissimos amor, et ad=
mira=

~~fuisse iacturam, siquidem~~ [sed] quod ipse dereliquit, pro Deo de=
reliquit, amisisse autem pro Deo, amisisse non est. ~~Verum~~
~~enimvero, quod ad illum spectat, anxio dolore prosequen=~~
~~dum non est, quicquid enim in eam actum est, divino est imputan=~~
~~dum iudicio~~, duraturam forte per ~~tot adversa Angliae~~
~~felicitatem dissipanti~~. Nec dubium est, [forsassis etiam] ~~quin~~ brevi multum
cum fortunâ mutatura [est] Anglia, nimis enim magnum
tutorem sibi Caelum adsciuit, Ludovicum nempe. ~~Quid~~
~~amplius formidandum finis superest.~~ [et sperandum, quod] ~~quum~~ modo facta
sit Ludovici causa, quae Dei erat, sicut antea Dei
causa semper facta est quae Ludovici fuit. Vincat Ma=
gnanimus Rex, iam vincat, nunquam enim sibi tantum vic=
turus est, sed et Deo. Facile vero est, Magne Princeps, quum
tanta de armorum tuorum nunquam quiescentium gloriâ
dici queant, ut in suspicionem quis inducatur non bene
magnitudinis tuae conscius, [gloriam tuam hic unica concludi.] ~~rex semper bellicis districtum~~
~~curis, rex per bella unice commendabilem adhuc fuisse.~~
~~Quam autem multis exemplo hunc refellere possem rationi=~~
~~bus, dictu arduum videtur. Equidem video Christianissimi~~ quam
~~durum opus, quamque inextricabilem rem explorarim, laudes~~
~~nempe tanti Regis reserare, quae satis stupore, satis~~
~~ovatione lustrari nequeunt. Obest ipsa dicturo co=~~
~~pia, et tamen si mihi tacendum sit, facile aut aequi, aut~~
~~ingrati, aut invidentis crimina subeam. Nemo magis~~
~~laudandus est, quam qui satis laudari non potest. Et~~ [Attamen] minimum
~~unum~~ est, quod retulimus, [et] quasdam delibavimus virtutum, illa=
rum Collegium non contigimus. Quaedam igitur perpauca subii=
10 ciamus, quae [neque] ai defectum, neque audaciam tamen prae se ferant. [et] Ip=
samet

PANEGIRICO PER LUIGI XIV

Lud. Ant. Muratorii anno 1694[1]

Panegyricus Ludovico XIV christianissimo Galliarum regi[2]

[*1r*] Si[3] adhuc inter tot mirandorum operum continuatam seriem, quae sibi maximam, rex gloriosissime, ingenii consiliique tui partem adiudicare consuescit, tibi externas voces audiendo quis[4] locus foret, facile hodiernae temeritati meae excusationem aliquam ex moderatione et benignitate tua compararem, facile quid de te sentiat Italia, citra taedii timorem exprimere contenderem. Siquidem ingenitae tuae humanitatis exactor te in auditorium compellarem, et immemor qui et apud quem prolocuturus essem, modestiae tuae tuis de laudibus supplicium facere non dubitarem. At quum tot illustris gloriae argumentis districtam magnam mentem tuam animadvertam, quum in te uno tam dissitarum rerum regnique florentissimi administrationem, fortunam, complementum omne situm intuear, in desperationis necessitatem oratio mea trahatur oportet. Ut quid enim debitum moderationi tot victoriarum caput mihi usurpare, suumque ducem exercitibus, suum Senatui rectorem, suum amantissimis populis parentem minima diei parte surripere audeam? Sic et mea dicentis tenuitate pensata, dum post innumeros alios, quos in principis optimi encomia eloquentissimos amor et ad[*1v*]miratio effecit, laudaturus et ego descendo, quid aliud mihi superest, quam ut a dicendi proposito cadam, quam ut tutius mihi, utilius universae Galliae iucundiusque tanto regi silentium meum futurum existimem? Verum liceat mihi, magnanime Ludovice, omnem trepidationem exuere,[5] liceat tibi gravissimas tuas fallere curas, et a sacrario maiestatis resilire, ut ad tuas aures accedere

---

1 Annotazione apposta in alto nell'angolo a sinistra.

2 Titolo del documento, posto al centro della pagina su due righe «*Panegyricus Ludovico XIV christi=/anissimo Galliarum regi.*».

3 *Si*: scritto sul margine sinistro fuori incolonnamento, seguito da cassatura illeggibile, forse *quid*. Una delle poche varianti immediate del manoscritto.

4 *quis*: in interlinea.

5 *exuere*: cassata la precedente desinenza *-em*.

Di Lodovico Antonio Muratori, anno 1694

Panegirico per Luigi XIV, cristianissimo re di Francia

[*1r*] Se ancora, tra l'ininterrotta serie di tante mirabili imprese che suole appropriarsi della maggior parte del tuo ingegno e della tua saggezza, o gloriosissimo re, tu disponessi di uno spazio per ascoltare voci dall'esterno, facilmente otterrei dal tuo equilibrio e dalla tua benevolenza una qualche giustificazione per questa mia odierna temerarietà, facilmente cercherei di esprimere ciò che di te pensa l'Italia, al di là del timore di causare tedio. Se mai, avvalendomi della tua innata generosità, ti chiamassi a darmi udienza, dimenticando chi sia io e davanti a chi mi accingerei a parlare, non esiterei a fare delle tue lodi un supplizio per la tua modestia. Ma poiché constato che la tua grande mente è occupata da tante prove d'illustre gloria, e poiché vedo riposti unicamente in te l'amministrazione, la fortuna e ogni compimento di faccende tanto variamente dislocate e del tuo fiorentissimo regno, occorre che il mio discorso si pieghi alla necessità della disperazione. Come infatti mi chiedo: perché dovrei osare di pretendere per me una persona destinata al governo di tante vittorie, e sottrarre il loro condottiero agli eserciti, il suo rettore al Senato, il loro padre ai devotissimi popoli per una sia pur minima parte del giorno? Così, dopo aver ponderato anche la tenuità del mio dire, mentre, dopo innumerevoli altri che l'amore e l'ammirazione [*1v*] hanno reso eloquentissimi a concepire encomi dell'ottimo principe, anch'io m'induco a tesserne le lodi, che altro mi rimane se non rinunciare al proposito di parlare, se non giudicare più sicuro per me, più utile per l'intera Francia e più piacevole per un così grande re il mio futuro silenzio? Ma sia lecito a me, o magnanimo Luigi, accantonare ogni timore, sia lecito a te eludere le tue serissime preoccupazioni e ritirarti dal santuario della tua maestà, perché alle tue orecchie possano pervenire dalla mia bocca le meraviglie del mondo intero su di te.

Il massimo obiettivo, invero, è sperare di avere accesso tra quei pensieri da cui sono governate le sorti di tanti regni, e che ora sotto così buoni au-

queant ex ore meo universi orbis de te stupores. Maximum quidem est aditum sperare inter eas cogitationes, a quibus tot regnorum fortunae temperantur, quaeque nunc adeo faeliciter in antiquorum caesarum ac celeberrimorum ducum gloriis superandis impenduntur; maius tamen est humiliter benignitatem tuam interpretari, qua loqui volentem roborasti praesentiaque tua locuturo vires suffecisti. Parum profecto de maximo animo tuo orbis sentiret, si illi bellorum, si populorum curam terminum statueret. Implet haec omnia mens tua, et in externa etiam sese transfundere valet, et quum te habeat totum rerum administratio, totus etiam in extraneis esse potes. Sufficis omnibus aut bellici tumultus aut regnorum gubernacula te expetant, sufficis omnibus aut tuaemet pietati consulas aut aliorum principum eventus et consilia deprehendas. At cum omnium motor rerum, cum omnium conscius sis actorum, ne te hodie pigeat de te ipso conscius fieri. Scilicet tandem disces in[***2r***]ter omnia, quae aut noscis aut moderaris opera, te maximum esse miraculum. Laudavere te ubertim Gallicae gentes, sed suspicione non caruerunt eorum laudes, quia et a gente subdita et a nimium amantissima gente proficiscebantur; atqui haec verbis meis fiducia inest, ut quod proferetur, non expressum ab obsequii caecitate, sed a libertate eductum videatur. Tantae luci propiores nimis constituti sunt populi tui, eorum acies fortasse non rectura labat, animique iudicio proximitas nocet. Nos vero, ad quos purgatior (si licet dicere) fideliorque fama remeare solet, tantum ab adulatione absumus, quantum a necessitate abest oratio nostra. Quamquam abs quavis assentationis calumnia omnes tu vendicas, gloriosissime princeps, adeo enim mirabilibus effulges factis, ut quicquid de te dicatur infra meritum tuum resideat, potiusque dicturo laborandum sit, ut veritatis fastigium assequatur et compleat, quam ut mendacium fugiat. Num virtutibus tuis, quae humanam etiam fidem superant, fucum aliquis intentare contendat? Num aliunde ementitas advocet laudes, si tuas vix attingendo par sit? Unus es, magne Ludovice, qui et magnus sis, non quia dicaris, sed quia sis, magnus dicaris. Unus consumpsisti omnem adulationis suspicionem. Non [***2v***] tibi e maiorum tuorum gloria quid est usurpandum, ut sis laudabilis. Ad avos confugiant, qui propriae laudis inopia laborant; alienum est quicquid avitum est. Potuerunt reliqui itidem laudari principes, potuerunt ita pingi, ut summum virtutum commercium in eis conspiceretur. Sed fortassis laudabatur quidem homo, at[6] laudatus homo quaerebatur. Potuit ab eis

[6] *fortassis laudabatur quidem homo, at*: aggiunta interlineare che, a partire da *quidem*, è

spici si provano a superare le glorie degli antichi cesari e dei più famosi condottieri; maggior compito, tuttavia, è farmi umilmente interprete della tua benevolenza, con la quale hai irrobustito la mia volontà di parlare, e con la tua presenza mi hai fornito le forze mentre mi accingo al discorso. Troppo poco certamente il mondo si renderebbe conto dell'immensa grandezza del tuo animo se gliene fissasse il limite nella cura delle guerre e dei popoli. Tutto ciò adempie la tua mente, ed è capace anche di proiettarsi verso le questioni esterne, e benché la gestione del governo ti occupi interamente, riesci a essere interamente presente anche negli affari esteri. Sai far fronte a ogni esigenza, o che ti reclamino tumulti di guerra, o governi di regni; sai far fronte a ogni esigenza, o che tu provveda alla tua pietà,[1] o che tu sappia cogliere i successi e i progetti degli altri prìncipi. Ma sebbene tu sia motore di tutte le vicende e consapevole di tutte le azioni, non ti rincresca oggi di diventare consapevole di te stesso. Naturalmente apprenderai infine che [*2r*] fra tutte le realtà che conosci o governi, sei tu il più grande prodigio. Le popolazioni francesi ti lodarono copiosamente, ma le loro lodi non furono prive di sospetto, poiché provenivano sia da gente suddita, sia da gente affezionatissima; orbene, nelle mie parole è insita questa fiducia: che ciò che sarà proferito non appaia espresso da un'ossequiosa cecità, ma derivato dalla libertà. I tuoi popoli sono situati troppo vicini a così grande luce, la loro vista forse destinata a non reggere vacilla, e la prossimità nuoce al giudizio dell'animo. Ma noi, presso cui suole ritornare una fama più depurata (se è lecito dirlo) e più fedele, siamo tanto lontani dall'adulazione, quanto il nostro discorso è lontano dalla necessità. Per quanto tu riscatti tutti da qualsivoglia calunnia di adulazione, o gloriosissimo principe, a tal punto rifulgi per le tue mirabili imprese che qualunque cosa si dica di te rimane al di sotto del tuo merito, e chi si accinge a parlare deve faticare più per raggiungere appieno il vertice della verità che per fuggire la menzogna. Potrebbe forse qualcuno sforzarsi di imbellettare ad arte le tue virtù, che superano persino l'umana credibilità? Potrebbe forse invocare da altra fonte false lodi, se stentasse a essere all'altezza di dedicarsi alle tue? Tu sei il solo, o grande Luigi, che sei anche grande non perché tale ti si dica, ma è perché lo sei che sei detto grande. Tu solo hai dissipato ogni sospetto di adulazione. Non [*2v*] hai bisogno, tu, di usurpare qualcosa della gloria dei tuoi antenati per essere meritevole di lode. Cerchino rifugio nella memoria degli avi coloro che sono a corto di lode propria; è dote altrui tutto ciò che proviene dagli avi. Poterono gli altri prìncipi essere

---

[1] Nel senso del lat. *pietas*, il rispetto dei più alti valori etico-religiosi e civili.

iustitiam pater tuus, fortitudinem Henricus,[7] pietatem Ludovicus alter, tu omnes virtutes[8] repetere, potuit statim diiudicari, non quales essent, sed quales esse deberent, delineatos fuisse. Tu vero onus hoc nobis impegisti, ut multum[9] laudare vellemus, sat[10] non possemus. Magnus es, et non de alienis ornamentis magnus, sed de tuo totus. Nolo tamen iccirco ego ab hodierna abstinere laudum tuarum commemoratione, quandoquidem sic Italia iubet, sic tu permittis. Audax profecto locuturus sum. Veritatis fiduciae fiduciam meam debebo; et coram[11] tot honorificis tuarum virtutum testibus[12] intrepidus exsurgam; quicquid enim exerendum erit, venia tua tutum erumpet, et quamquam incondita voce rudique elocutione argumentum tam latum ac illustre tentare audeam, professione obedientiae aut laudatus ero, aut certe excusatus. / [13]

Mecum nonnunquam, splendidissimi Galliarum proceres, sententiae incertus animo pependi, [*3r*] an regi vestro faelicius ac gloriosius contigisset iis ortum traxisse temporibus, quibus levia etiam imperatorum ducumque gesta triumphis et delubris signabantur, quibus non esse optimum, sed esse non malum ad divinitatis promerendos honores sat erat commendationis. Quantum enim tum ille extitisset Numen? quanto vivens etiam thure caluisset? quot fanis nomen suum ingessisset? quot denique stetissent aera et marmora illius effigie nobilitata et in speciem ambitionis composita, ut ab oblivione sacratissimum pignus eximerent? Certassent vicissim populi eum, qui prioribus longe lateque ducibus rerum magnitudine gestarum praestitisset, insueto caeremoniarum honorumque cultu distinguere, eumque, qui tot beneficiis orbem oppressisset, obsequio opprimere gestiissent. Verum hoc a votis meis absit, ut certe abest a men-

---

posta a margine e che sostituisce il testo cassato, *tamen, personam non suam illi egissent, ut homo videretur.*

[7] *fortitudinem Henricus*: in interlinea sul cassato *magnanimitatem Alexander*.

[8] *Ludovicus alter, tu omnes virtutes*: aggiunta interlineare e a margine che sostituisce il testo cassato *Constantinus, fortitudinem Iulius Caesar*; sopra il cassato *Iulius* una variante immediata della correzione interlineare poi cassata in modo illeggibile. Dopo *virtutes*, in interlinea, un *tu*, cassato e poi reintegrato davanti a *omnes*.

[9] *multum*: in interlinea sopra *satis* che, anche se non cassato, si intende sostituito.

[10] *sat*: in interlinea.

[11] *coram*: in interlinea sostituisce il cassato *ante*.

[12] *testibus*: parzialmente sovrascritto a *testes*, con aggiunta del finale di parola *-us* in interlinea.

[13] Il capoverso, indicato con /, è qui rispettato poiché espressamente segnalato dalla noticina interlineare *a capo*.

lodati allo stesso modo, poterono essere dipinti in maniera tale che si vedesse in loro la più alta pratica delle virtù. Ma forse si lodava, sì, l'uomo; però quel che si cercava era un uomo che lodato già fosse. Da loro tuo padre poté riprendere la giustizia, Enrico il coraggio, l'altro Luigi la pietà, tu tutte le virtù; si poté subito giudicare che erano stati ritratti non come realmente fossero, ma come avrebbero dovuto essere. Tu d'altronde ci imponesti questo gravoso compito: di volerti molto lodare, ma di non poterlo fare abbastanza. Grande tu sei, e non grande per gli onori che ti sono conferiti da altri, ma interamente per quello che è soltanto tuo. Tuttavia non voglio per questo astenermi dal ricordare oggi le tue lodi, poiché così ordina l'Italia, così tu concedi. Certamente mi accingo a parlare da audace. Dovrò la mia fiducia alla fiducia nella verità; e in presenza di tanti onorevoli testimoni delle tue virtù mi rincuorerò senza timore; qualunque argomento infatti dovrà essere esposto, grazie alla tua indulgenza scaturirà in sicurezza, e benché con voce disarmonica ed elocuzione grezza io osi tentare un tema così ampio e illustre, per la mia professione di obbedienza o sarò lodato, o per lo meno scusato.

Fra me e me talvolta, illustrissimi maggiorenti di Francia, incerto su cosa pensare, ponderai nel mio animo [*3r*] se per il vostro re non sarebbe stata una sorte più felice e gloriosa l'aver avuto i natali in quei tempi in cui anche imprese modeste di imperatori e condottieri venivano insignite di trionfi e templi, quando non tanto essere il migliore, ma semplicemente non essere malvagio era sufficiente titolo di merito per guadagnarsi gli onori della divinizzazione. Quanto grande nume, infatti, egli si sarebbe allora rivelato? Quanto incenso sarebbe stato bruciato in suo onore mentre era ancora in vita? A quanti templi avrebbe imposto il suo nome? Quanti bronzi infine e quanti marmi, nobilitati dalla sua effigie e creati a ostentare ambizione, sarebbero sorti per sottrarre all'oblio un pegno tanto sacro? I popoli a loro volta avrebbero fatto a gara per celebrare lui, che aveva superato in lungo e in largo i precedenti condottieri per la grandezza delle imprese, con un inusitato culto delle cerimonie e degli onori, e sarebbero stati smaniosi di ricolmare di ossequio lui, che di tanti benefici aveva ricolmato il mondo. Ma ciò sia lontano dai miei auspici, come certamente è lontano dalla mente del religiosissimo principe, né mai infatti potrebbe desiderare per sé una così vana superstizione colui che oggi tanto conferisce al culto del Dio immortale. Come egli detesta la perversa religione degli antichi, così si rallegra con se stesso di aver preso le distanze da quella superstizione tanto quanto egli è lontano da ogni perverso rimpianto. Con voi stessi, tuttavia, più che con costui rallegratevi, onorevolissimi signori, per il

te[14] religiosissimi principis,[15] neque enim[16] huiusmodi adeo inanem superstitionem[17] umquam sibi optet,[18] qui tantum hodie immortalis Numinis cultui defert. Ut[19] pravam[20] antiquorum religionem is detestatur, ita[21] sibi gratulatur tam longe ab ea superstitione[22] distasse, quam ab omni informi[23] desiderio abest. Vobismet tamen magis quam isti gratulemini, ornatissimi viri, quod vestrae huic tempestati reservatum sit tam vasta frui fortuna. Vos fruimini, vos, insignibus illis virtutibus, quarum conscientiam tantum pro mercede annumerat gloriosissimus princeps. Hoc tamen/[24] unice saltem [*3v*] vobis praestandum est, ne ingratos tot beneficia inveniant[25] aut faciant.[26] Amate amantem, colite beneficum, regem omni aestimatione et amore dignum agnoscite. Plus etiam est, si bene fortunam vestram intelligitis. Imperat ille, sed quali, bone Deus, imperio! Per vos ille imperat, per illum vos orbi paene imperatis, quum divinorum imitator consiliorum tantum vobis ex imperio suo relinquat,[27] ut parere vestrum et superbiae argumentum sit, et sit magnum imperium. Memoria quippe repetere arduum non est, qui regni huius faelicissimi aspectus foret, quum ille rerum moderamen suscepit.[28] Squallida et exanimata Gallia extraneis Gallorum concutiebatur incursibus, interno tamen magis lacerabatur impetu, nimisque in suam perniciem faecunda[29]

---

14 *ut certe abest a mente*: sostituzione interlineare del testo cassato *praeter mentem*.

15 Segue cassatura di *(totum) si* [corretto su *omne*] *hoc evenisset, exploratum habemus*.

16 *enim*: in interlinea.

17 *inanem superstitionem*: per adeguamento alla successiva correzione, desinenze che sostituiscono *inani superstitione*.

18 *umquam sibi optet*: sostituzione interlineare del cassato *gavisus iste esset*.

19 *Ut*: sostituzione interlineare del cassato *De*.

20 Cassato *illa*.

21 *religionem is detestatur, ita*: sostituzione interlineare del testo seguente, cassato: *de prava illa antiquorum consuetudine nunc erubescit*.

22 *superstitione*: in interlinea.

23 *omni informi*: sostituzione interlineare del cassato *illius*.

24 Capoverso forzato per slabbratura della carta.

25 *inveniant*: la desinenza *-iant* sostituisce la cassata *-erint*.

26 *faciant.*: corretto su *fecerint*; segue il cassato *; neve illum ingrati in virtutis paenitentiam trahatis*.

27 *relinquat*: *relinquit* o *relinquet* nel ms., con sostituzione in interlinea di una *a* alla seconda *-i-*.

28 *moderamen suscepit*: sostituzione interlineare del cassato *moderamine, aut illo rerum moderamen frui coepit*.

29 Cassato: *ad*.

fatto che a questo vostro tempo è stato concesso di godere di una così enorme fortuna. Voi usufruite, voi dico, di quelle insigni virtù la cui consapevolezza il gloriosissimo principe unicamente ascrive a propria ricompensa. Questo solo, tuttavia, per lo meno [*3v*] dovete garantire: che tanti benefici non trovino ingrati o ne creino. Amate chi vi ama, onorate chi vi fa del bene, riconoscete il re degno di ogni stima e amore. C'è ancora di più, se ben comprendete la vostra fortuna. Egli governa, ma, buon Dio, con quale governo! Per mezzo di voi egli governa, per mezzo di lui voi governate quasi il mondo, dal momento che, imitatore dei disegni divini, egli lascia a voi tanto del suo potere che il vostro obbedire è pure motivo di orgoglio, ed è un grande potere. Certamente non è difficile richiamare alla memoria quale fosse l'aspetto di questo felicissimo regno, quando egli assunse il governo dello Stato. Desolata e senza vita, la Francia era sconvolta da incursioni di genti estranee ai Francesi, ma era maggiormente lacerata da un attacco interno e, troppo feconda per la propria rovina, sperimentava di giorno in giorno a sé nemici coloro ai quali aveva generosamente donato la vita. A questi mali si aggiungeva un flagello più terribile, l'eretico,[2] insuperbito dalle vittorie passate, chiamato a partecipare alle assemblee, ad assumere cariche, quasi a condividere il regno per deplorevole necessità, e infine, satelliti dell'eresia, ogni iniquità, ogni male. Ahimè, quella non fu la Francia, quella non fu la provincia che si fregiava dell'antica forza delle armi e di molteplice trionfo. Nemmeno il tuo ottimo padre,[3] o potentissimo Luigi, quantunque [*4r*] eccellente per il cumulo di tutti i suoi progetti e virtù, quantunque degno di avere te come figlio, fu in grado di scongiurare un così grande concorso di mali irrompenti. Mi perdoni quell'anima eminentissima: allora il morbo era troppo grave per poter preservare la salute; né critico la sua esimia costanza e virtù, ma accuso la perversità dei tempi. C'era bisogno di un altro Luigi perché la regione rivivesse bellissima com'è, e perché ciò che il precedente non aveva potuto garantire in quanto re, almeno con maggior successo lo portasse a compimento in quanto padre. Tu pertanto ti affacciasti alla vita, o grande Luigi, e perché il mondo non si arrogasse qualche merito di tanto grande opera, fu il cielo a donarti, e dopo che le preghiere di tutti erano rimaste a lungo frustrate ed esauste, compensò alfine con la generosità del dono il ritardo nel donare. Evidentemente ci fu bisogno di

2 Allude a Luigi II di Borbone-Condé.

3 Luigi XIII di Borbone, detto il Giusto.

eos, quibus vitam[30] elargita fuerat, adversarios sibi in diem sentiebat. His accedebat terribilior lues, praeteritis elatus victoriis haereticus, in comitia, in dignitates, in regni paene consortium deplorabili necessitate accitus, haereseosque tandem comes omnis improbitas, omne malum. Heu illa non fuit Gallia, illa non fuit vetusto armorum robore multiplicique triumpho decorata provincia. Neque tuus, potentissime Ludovice, optimus pater, quamquam [*4r*] omnium consiliorum ac virtutum cumulo praestans, quamquam habere te filium dignus, tanto ingruentium malorum consensui tollendo suffecit. Ignoscat mihi praeclarissima anima illa: fortior tum erat morbus, quam ut sanitatem sustineret, neque eximiam illius constantiam virtutemque carpo, sed temporum perversitatem incuso. Alio opus erat Ludovico, ut pulcherrima revivisceret regio, quodque prior tamquam rex praestare nequiverat, saltem tamquam pater faelicius compleret. Tu igitur prodiisti, magne Ludovice, et ne quid sibi de tanto opere mundus arrogaret, te caelum dedit,[31] votisque omnium diu frustratis fatigatisque,[32] tarditatem demum[33] donandi doni largitate[34] pensavit. Miraculo scilicet opus fuit, ut miraculum aliud in diem erumperet. Iam tunc meminisse iucundum est, quum tu puer media raptatus in bella, quaeque nondum noscebas, aut tubarum clangore aut tormentorum tonitru laetabare, quum ante pugnandi tempora pugnarum ducem gessisti, tamque mature triumphum didicisti mereri. Fatis quidem concesserat iustissimus parens tuus; certus enim, quam bene, quam tuto cervici tuae iam rerum moderamen sedere posset, quum terris sat consuluisset, sibi astra occupanda censuit. Tu vero intrepidus parentis consilium firmans #[35] non quas stravere insidias, non quae bella excitarunt aut indigenae aut extranei hostes horrere, sed timendus ubique inimicorum tergo insistere, atque undequaque regni laban[*4v*]tis fundamenta erigere. #[36] Iam tunc te parasti, ut per tam excelsa rudimenta magnus fieres. Ne itaque miremur amplius te[37]

---

30 Cassato: *cum vita fortitudinem*.

31 *te caelum dedit*: in interlinea.

32 Cassato: *te caelum dedit*.

33 *demum*: in interlinea su cassatura illeggibile.

34 *largitate*: sostituzione del cassato *pretiositate*.

35 Con questo segno e con quello successivo, evidenziato in questa pagina alla nota 36, viene compreso un blocco di testo che va da *non quas stravere insidias* a *fundamenta erigere*. Per il significato e l'applicazione di questi segni presenti sul manoscritto si rinvia *supra*, alla *Nota al testo*.

36 Vedi nota 35.

37 Cassatura di *que*.

un miracolo, perché un altro miracolo venisse sorprendentemente alla luce. Ora, poi, è piacevole ricordare allorché tu fanciullo, trascinato in mezzo alle guerre e a realtà che ancora non conoscevi, gioivi dello squillo di trombe o del frastuono di macchine da guerra, quando, ancor prima dei tempi del combattere, facesti la parte del condottiero di battaglie e imparasti tanto presto a meritare il trionfo. Il tuo giustissimo genitore, invero, aveva ceduto alle Parche; conscio, infatti, di quanto bene e con quanta sicurezza potesse ormai stare sulle tue spalle il governo dello Stato, dopo essersi occupato abbastanza cura della terra, ritenne di dover prendere dimora tra le stelle.[4] Tu d'altronde intrepido, corroborando il disegno di tuo padre, non avesti paura delle insidie che tesero, né delle guerre che suscitarono nemici interni o esterni, ma facendoti temere ovunque incalzasti alle spalle gli avversari, e del regno che da ogni parte vacillava [*4v*] erigesti le fondamenta. Fin da allora con un tirocinio così eccelso ti preparasti a diventare magno. Pertanto non stupiamoci più che in seguito tu abbia messo mano a tanti combattimenti e che a tanti combattimenti abbia arriso la vittoria. Eri già un soldato veterano quando la lanugine ancora ricopriva le tue guance. Davvero tanto difficile sarebbe per me ripercorrere con la voce o con la memoria quanti nemici furono debellati, quante fortezze e città furono restituite o aggiunte al tuo regno, quanto facile fu per te sbaragliare gli uni e conquistare le altre. Mai l'eloquenza trema più di quando si imbatte in un argomento siffatto, che trascina l'oratore alla disperazione; né minore è il pericolo se si parla di un argomento modesto che di uno della massima importanza. Chi infatti sarebbe in grado di riferire in modo appropriato e forbito quante volte scatenasti la guerra contro gli Spagnoli, contro i Germani, quante volte contro gli Olandesi, quante volte contro gli Inglesi e contro le restanti fierissime genti limitrofe o distanti, quante volte anche trionfasti? Finora si sottomettono e per sempre saranno sottoposte alle tue armi le regioni conquistate con la forza, e il territorio del regno si è esteso a tal punto che ora vedi quasi al centro del tuo regno quelle città che ricevesti come luoghi di frontiera del tuo dominio. Ne abbiamo testimoni le fiorentissime province del Belgio, in primo luogo il Ducato di Lussemburgo, la Contea di Artois, l'Alsazia, la Catalogna e l'Aragona, le cui formidabili roccheforti e magnifiche città [*5r*] furono aggiudicate a te vincitore. Ma queste sono

[4] Luigi XIII morì il 14 maggio 1643.

deinde tot certaminibus admovisse manum totque certaminibus victoriam successisse. Veteranus miles eras, quum adhuc genas lanugo signaret.[38] Sane tam difficile mihi esset voce, aut memoria prosequi, quot hostes devicti, quot arces et urbes regno tuo redditae aut additae fuerint, quam facile[39] tibi fuit devicisse atque cepisse. Numquam magis trepidat eloquentia, quam in eiusmodi materiem quum incidit, quae in desperationem oratorem[40] rapit, neque minus dicendi periculum ex modico subiecto, quam ex maximo. Quis etenim apte ornateque sit referendo, quoties in Hispanos, in Germanos, quoties in Batavos, quoties in Anglos et in reliquas ferocissimas gentes aut finitimas aut dissitas bellum conflaveris, quoties etiam triumpharis? Parent adhuc et aeternum parebunt armis tuis correptae[41] regiones, adeoque prolati sunt fines[42] regni, ut quas urbes ditionis tuae limites[43] accepisti,[44] medias paene in regno tuo nunc videas.[45] Testes habemus[46] floridissimas Belgii provincias, Lucemburgensem inprimis ducatum,[47] Artesiae[48] Comitatum, Alsatiam, Catalauniam et Arragoniam, quarum formidabiles arces et splendidissima oppida tibi [*5r*] adiudicata sunt victori. At haec vetera sunt, stuporesque nostros iamdiu suaque tempestate consumpsere: recentia iuvat mirari, quaeque prodigio propiora esse videntur. Nempe unus tot bella, unus tot victorias cumulas, unus orbem paene totum devincendo[49] satis es ut nobilem tibi panegyricum texuisse credere possit, qui hostes tantum tuos numerare velit.[50] Nobis profecto, quibus ingentia facta tua auribus tan-

---

38 *signaret.*: segue il cassato *, neque iam quaerebatur, sed toties victorem sequi adacta erat fortuna*. Diffuso il nesso *lanugo genas*: cfr. ad es. Pacuvio 362R^2 (*Nunc primum opacat flore lanugo genas*) e Boccaccio, *Egl.* XII (*Et mollis lanugo genas nunc serpere coepit*).

39 Cassato: *est*.

40 Cassatura di *per* anteposto a *oratorem* che, con alcune lettere sovrascritte, sostituisce il precedente *peroraturum*.

41 *correptae*: sostituzione interlineare sopra cassatura illeggibile (forse *receptae*).

42 *fines*: sostituzione a margine del cassato *limites*.

43 *limites*: sostituzione interlineare del cassato *fines*.

44 *accepisti*: aggiunta di *ac* davanti a *cepisti* (probabile correzione su *recepisti*).

45 *nunc videas*: sostituzione interlineare del cassato *reddere olim* e successiva sostituzione interlineare poi cassata di *possis* sopra cassatura illeggibile (forse *potueris*).

46 *Testes habemus*: sostituzione interlineare del cassato *Testes huc appello*.

47 Cassato: *Burgundiae*.

48 Cassato: *que*.

49 Cassato: *par*.

50 *ut nobilem tibi panegyricum texuisse credere possit, qui hostes tantum tuos numerare velit*:

conquiste di vecchia data[5] e già da un pezzo hanno esaurito nel loro tempo la nostra capacità di meravigliarci: giova piuttosto ammirare le imprese recenti e quelle che sembrano essere quasi prodigiose. La realtà è che tu solo accumuli tante guerre, tu solo tante vittorie, tu solo sei in grado di soggiogare quasi tutto il mondo, tanto che possa credere di averti tessuto un degno panegirico chi voglia anche solo enumerare i tuoi nemici. In verità noi, che abbiamo l'abitudine di ricevere notizia delle tue straordinarie imprese soltanto con gli orecchi, se talvolta ci piaccia misurare quanto grande tu sia e quanto potente, siamo soliti metterci davanti agli occhi una tavola, su cui i confini dei tuoi regni graficamente disegnati si possono ripercorrere con un rapido sguardo d'insieme. E subito balzano agli occhi i Piemontesi e i Savoiardi, armati della natura dei luoghi e di se stessi, quindi la Provenza, che ostenta Nizza prima inespugnabile e il porto dei Nizzardi,[6] poi la Catalogna con la città di Roses da poco conquistata,[7] province tutte presidiate dai tuoi accampamenti. Col dito indichiamo quindi la Germania, che s'indigna per le tue vittorie, e il Reno traboccante di sangue amico. Qui la provincia di Liegi, là quelle di Colonia e di Magonza o temono o si sottomettono,[8] e mentre tutto

[5] Muratori si riferisce, nell'ordine, al memorabile secondo assedio di Lussemburgo (aprile-giugno 1684; il primo, abortito, ebbe luogo tra il settembre 1681 e il marzo successivo), con cui Luigi XIV, durante la Guerra delle riunioni (ottobre 1683 - agosto 1684), strappò quella fortezza all'Impero, ma di fatto agli Spagnoli che la controllavano militarmente, determinando così la formazione della lega di Augusta in funzione antifrancese. L'Artois fu occupato dalle truppe di Luigi XIV nel 1640, nel corso della guerra franco-spagnola, la stessa che, a seguito del trattato dei Pirenei (1659), fruttò alla Francia territori a ridosso della Catalogna quali il Rossiglione e la Cerdagna settentrionale; il territorio alsaziano fu unito alla Francia nel 1678.

[6] Nizza fu occupata dalle truppe di Nicolas Catinat, comandante in capo dell'armata francese in Italia, nel 1691, durante la guerra della Grande alleanza (o della lega d'Augusta o di successione del Palatinato), 1688-1697.

[7] Rhoda è l'antico nome greco dell'odierna Roses (Rosas in castigliano), porto catalano della provincia di Girona prossimo alla Francia. Fortificata da Carlo V d'Asburgo, Luigi XIV la occupò più volte negli anni 1645-1659 e 1693-1697, ma fu poi costretto a rinunciarvi dal trattato di Rijswijk. Muratori si riferisce all'espugnazione del 9 giugno 1693 ad opera del duca di Noailles.

[8] Liegi fu bombardata dall'artiglieria del duca di Boufflers, ma non espugnata, nel giugno 1691, durante la guerra della Grande alleanza, poco dopo la capitolazione di Mons (vedi qui *infra*) e la caduta di Hal. Luigi XIV ottenne il desiderato distacco del principato vescovile liegese a seguito della vittoria di Neerwinden (luglio 1693). La successione all'arcivescovado e al principato elettorale di Colonia a favore del filofrancese principe-vescovo di Strasburgo e cardinale Wilhelm Egon von Fürstenberg fu rivendicata da Luigi XIV a partire dal 1685, a dispetto del papa (e pretestuosamente, secondo *AdI*, p. 383), insieme con il riconoscimento dei diritti sul Palatinato della cognata Elisabetta Carlotta, sorella del defunto elettore pala-

tum excipere mos est, si quandoque libeat quantus sis quantumque possis metiri, tabulam prae oculis sistere consuescimus, ubi graphice[51] regnorum tuorum fines[52] delineati[53] brevi luminum excursu peragrari queunt. Statimque occurrunt Pedemontani Allobrogesque et locorum natura et se ipsis armati, hinc Provincia inexpugnabilem ante Nicaeam portumque Nicaeensium ostentans, inde cum R‹h›odensi[54] mox capta urbe Catalaunia, provinciae omnes tentoriis tuis contectae.[55] Digito inde notamus victorias tuas indignantem[56] Germaniam Rhenumque amico cruore undantem. Heic Leodiensis provincia, illic Coloniensis atque Moguntina aut timent aut obediunt, dumque totus Rheni Palatinatus imperio tuo coercetur, alios terrere contentus, alios numeroso milite occupans, aut omnibus dominaris, aut dominari potes. Alia vero[57] ex parte effluit oculus, et in Belgium impingit, in Belgium toties robore tuo adpetitum, toties triumphatum. Hiccine[58] (tum mirantes in vocem erumpimus) tam latus, tam instructus exercitus magni etiam regis obedientia pollet? Cumque tot ducibus, tot militi[***5v***]bus regiones alias compleverit, centena adhuc millia heic exhibuisse potuit? Sed nec iste quidem[59] potentiae tuae,[60] gloriosissime rex, finis, nec admirationis nostrae limes. Neque[61] triumphis[62] et ar-

---

testo aggiunto sul margine sinistro e che contiene a sua volta alcune correzioni; *ut* è scritto sopra il cassato *tamque*; la *u* di *texuisse* è stata aggiunta successivamente nell'interlinea e dopo *numerare* è stato cassato *contentus esset*.

51 Cassatura della virgola.

52 *regnorum tuorum fines*: sostituzione interlineare del cassato *terrea moles ista*.

53 *delineati* con la *-i* desinenziale sovrascritta su una *a*.

54 Nell'originale *Rodhensi*, che, con sovrascrittura di *d* su *t* e aggiunta interlineare di *h*, sostituisce *Rotensi*. Attestato così in Forcellini, t. iii, p. 962: «Rhodenses, ium, m. plur. 3. incolæ Rhodæ, urbis in Hispania Tarraconensi, nunc *Rosas*. *Inscript.* apud *Grut.* 404.4. Q. Egnatulo Q.F. Rhodenses equestrem e marmore statuam constituere».

55 *contectae*: sostituzione interlineare del cassato *, valloque dimensae*.

56 Cassato: *Rhenum*.

57 *Alia vero*: sostituzione interlineare del cassato *Ista hinc*.

58 *Hiccine*: oscillazione da parte dell'autore sull'esatta grafia di questo pronome dimostrativo che è così attestato in Forcellini, t. ii, p. 547.

59 *quidem*: in interlinea.

60 Cassato: *limes*.

61 *Neque triumphis et armis sufficit tellus, sed quo*: testo collocato in una postilla sul margine destro, con alcune cassature interne da considerarsi varianti immediate della stessa variante tardiva: le si veda indicate qui di seguito nelle relative note. Sovrapposta a *Neque* la brachilogia *a:*, forse interpretabile come *a(dde)* e non considerata nella trascrizione in quanto ininfluente alla resa del senso.

62 Cassatura illeggibile.

quanto il Palatinato del Reno è tenuto a freno dal tuo comando, tu, pago di atterrire alcuni, altri occupando con numerose truppe, su tutti o domini o puoi dominare. L'occhio poi scivola da un'altra parte e cade sul Belgio, sul Belgio tante volte assalito dalle tue forze e tante volte debellato.[9] Proprio questo esercito (esclamiamo allora ammirati a gran voce), così ampio, così addestrato, è potente anche per l'obbedienza al suo grande re? E sebbene con tanti comandanti e tanti soldati [*5v*] abbia occupato altre regioni, poté ancora esibire qui centinaia di migliaia di uomini? Ma neppure codesto è un confine della tua potenza, o gloriosissimo re, né un limite della nostra ammirazione. Né la terra basta ai tuoi trionfi e alle tue armi, ma fin dove si allunga col suo profondissimo alveo o per quanto si dilata sotto l'incalzare dei venti il mare Mediterraneo, esso è tutto quanto gravato dalle tue flotte, e non meno che dalla clemenza delle tempeste[10] il libero passaggio attraverso gli stretti si deve ottenere da una tua poderosa nave. Mi sia ora lecito gridare: o grande re, o potentissimo re! Il mondo intero hai così tanto ostile? Dal mare più remoto contro il religiosissimo principe è trascinato da recente tradimento e infedeltà, ahimè, il troppo infame Inglese. A codesti nemici per terra e per mare stringono le destre gli Olandesi, altre volte sconfitti. Quindi quasi tutto l'Occidente e mezza Italia la Spagna trascina a combattere e, confidando nel tentativo eretico, pretende lealtà dagli infidi, sicuramente destinata a non resistere a lungo, se altrettanto a lungo avrà tollerato un tale avversario o tali amici e difensori. Dovrei forse annoverare anche il carissimo e onoratissimo principe sabaudo, spinto contro di te dal suo destino?[11] Ma un maggior

---

tino Carlo II. Ne venne appunto la guerra della Grande alleanza: nel settembre 1688 Luigi «improvvisamente mosse l'armi contra dell'imperadore, le cui forze si trovavano impegnate in Ungheria, senza che fosse preceduta offesa o ingiuria alcuna dalla parte di Cesare. Filisburgo fu preso; s'impadronirono l'armi franzesi di Magonza, Treveri, Bonna, Vormazia, Spira e d'altri luoghi» (*ibid.*).

9 A partire dall'invasione delle Fiandre spagnole del maggio 1667 da parte delle truppe di Turenne, che scatenò il conflitto franco-iberico noto come guerra di Devoluzione (1667-1668). Ma il Belgio resta il principale teatro d'operazione per tutta la guerra della Grande alleanza.

10 L'espressione rende l'ossimoro *ab hospitalibus procellis* dell'originale.

11 Vittorio Amedeo II di Savoia, che nel 1690 ruppe l'alleanza con Luigi XIV aderendo alla lega di Augusta. Si vedano gli *AdI*, *ad annum* 1690, p. 392: «Gran tempo era che il giovane duca di Savoia Vittorio Amedeo II, principe che in vivacità di mente non avea forse chi andasse al pari con lui, non sapea digerire il dominio dei Franzesi nel forte di Barraux, e in Pinerolo (fortezza situata nel cuore de' suoi Stati e sì vicina a Torino), e in Casale di Monferrato, troppo contiguo ai medesimi suoi Stati», con l'estesa narrazione che segue.

mis sufficit tellus,[63] sed quocunque se porrigit alveo profundissimo quantusque ventis urgentibus patet Mediterraneus pontus,[64] totus classibus tuis gravatur, neque minus quam ab hospitalibus procellis, a valido navigio tuo liberum per freta impetrandum est iter. Exclamare mihi iam liceat: o magnum regem, o potentissimum regem! Mundum totum sic inimicum habes? #[65] Ab extremo aequore adversus religiosissimum principem rapitur recenti proditione et infidelitate heu nimium famosus[66] Anglus. Istis[67] terra marique commiscent[68] dextras superati alias Batavi. Totum hinc paene Occidentem mediamque[69] Italiam in proelium educit Hispania, haereticoque freta conatu fidem ab infidis exigit, non diu profecto duratura, si aut talem inimicum aut tales amicos ac propugnatores diu toleraverit. Annumeremne etiam fato suo in te compulsum carissimum ornatissimumque principem Sabaudiensem? At maior occurrit hostis, augustus nempe Romanorum imperator, unaque cum eo Germanicae omnes provinciae, quaecunque vel timore vel invidia potentiae tuae in arma trahuntur. #[70] Attamen sic,[71] Ludovice, pugnas, ut infestas tibi terras universas sustineas, nec sustineas modo, sed et evertas. [***6r***] Ita sane decet Ludovicum unum pugnare. Neque aliter ad fortitudinem erudiendi sunt filii tui, quam in huiusmodi spectaculo ac palaestra, orbis scilicet totius inimici. Credibile est tot fortunam in idem tempus hostes coegisse, ut vires tuas exploraret, quodque nulli fortassis[72] in hunc diem contigit, aut adeo[73] potentem te illam credidisse, ut mundum vincere posses, aut adeo dignum, ut vincere deberes. Mirum quocirca in primis videtur, uti quae regna, ante quam rerum habenas tu capesceres, Galliis

---

[63] Cassatura illeggibile posta dopo la prima sillaba di *tellus*.

[64] *Mediterraneus pontus*: sostituzione interlineare del cassato *Oceanus*.

[65] Con questo segno e con quello successivo, evidenziato in questa pagina alla nota 70, viene compreso un blocco di testo che va da *Ab extremo aequore* a *Attamen sic*. Per il significato e l'applicazione di questi segni presenti sul manoscritto si rinvia *supra*, alla *Nota al testo*.

[66] Cassatura illeggibile seguita dal cassato *im=/pudens*.

[67] Cassato: *omnia*.

[68] Cassati un *et* e un *sacrilegium, et*. Subito dopo il primo *et*, il ms. reca anche, non cassato per errore, un *familiare* concordato con il cassato *sacrilegium* che lo segue immediatamente.

[69] Cassatura illeggibile.

[70] Vedi nota 65.

[71] *Attamen sic*: sostituzione interlineare del testo cassato *Sic igitur*.

[72] *fortassis*: sostituisce *forte*, con cassatura della vocale *e* e aggiunta in interlinea di *assis*.

[73] *adeo*: in interlinea.

nemico si profila, vale a dire l'augusto imperatore dei Romani,[12] e unitamente a lui tutte quelle province germaniche che sono trascinate alle armi o per timore, o per invidia della tua potenza. Ciò nonostante tu combatti, o Luigi, in modo tale da fronteggiare tutte le terre a te ostili, e non solo fronteggiarle, ma anche abbatterle. [*6r*] Certo al solo Luigi si addice combattere così. Né altrimenti i tuoi figli devono essere educati al coraggio che in un siffatto spettacolo o palestra, di vedere cioè tutto il mondo avversario. Si può credere che la sorte abbia radunato nello stesso lasso di tempo tanti nemici al fine di saggiare le tue forze, e, cosa che forse a nessuno è mai accaduta sino ad oggi, o che essa ti abbia creduto tanto potente da poter vincere il mondo, o tanto degno da doverlo vincere. Perciò appare anzitutto sorprendente come quei regni che, prima che tu assumessi le redini dello Stato, singolarmente presi potevano prevalere sulla Francia, o per lo meno contendere la gloria delle armi, ora coalizzati pensino soltanto alla difesa, tanto meno all'offesa, tanto meno alla speranza di vittoria. Un tempo l'Olanda poteva da sola allestire navi così forti e attrezzate e detenere a tal punto la supremazia sul mare, che neppure i Francesi uniti ai Britannici erano sufficientemente in grado di resistere. Ora, tuttavia, la Francia da sola, pur lacerata da tante guerre, è talmente formidabile sul mare che può spesso sfidare gli Olandesi anche uniti agli Inglesi e spesso sbaragliarli. Questo è sicuramente il prodigio o dell'altrui ignavia o del tuo coraggio. Ma né i nemici sono in balia dell'indolenza, né diversi dai predecessori arrivano ora a combattere. La sopportazione della fatica fa tuttora apprezzare i Tedeschi, ma di una maggiore sopportazione si vantano ora i tuoi popoli. Gli Spagnoli si arrogano la perizia e l'arte militare, ma le vittorie per merito tuo tante volte riportate hanno ora svelato con quale esito. Così presso gli Inglesi e gli Olandesi si celebra tuttora la scienza delle battaglie navali; ma ora i Francesi non ignorano nulla che [*6v*] possa sottrarre loro anche questa lode. Tanto ingegno può aggiungersi al coraggio sotto un grande principe, tanto maschio valore è in grado di estendersi a tutte le esigenze. Abbiamo visto recentemente, oltre alle tante battaglie felicemente combattute negli anni trascorsi, che una flotta mercantile nemica, memorabile per le merci preziose, ricacciata persino in alto mare, ha riscattato dall'attacco dei tuoi condottieri o col denaro o con la fuga la propria incapacità di resistere.[13] Giustamente invero, o grandissimo re, mentre i tuoi nemici sono

---

12 Leopoldo I d'Asburgo.

13 Difficile identificare con sicurezza il fatto, anche per i contorni vaghi con cui è evo-

singula antestare, vel saltem disceptare[74] gloriam[75] armorum poterant,[76] coniuncta nunc[77] defensioni tantummodo vacare,[78] nedum offensioni, nedum victoriae spei. Poterat olim una Batavia fortes ita instructasque parare naves, atque imperio maris ita instare, ut ne cum Britannis quidem coniuncti Galli resistere satis valerent. Nunc vero Gallia una tot licet distracta bellis, sic aequore formidanda est, ut Anglis[79] etiam iunctos[80] Batavos saepe ciere, saepe profligare queat. Aut certe alienae ignaviae miraculum hoc est aut tuae fortitudinis. Sed nec hostes socordia tenentur, neque ab eis, qui ante fuerunt, diversi modo ad certamen accedunt. Laboris tolerantia commendat adhuc Germanos, sed maiore nunc gloriantur populi tui. Militandi peritiam ac disciplinam Hispani sibi usurpant, sed quo nunc eventu, relatae toties per te victoriae patefecerunt. Sic apud Anglos et[81] Batavos maritimorum adhuc scientia proeliorum memoratur; at nihil ignorant nunc Galli, quod eis [**6v**] hanc etiam laudem[82] eripiat. Tantum ingenii sub magno principe fortitudini accrescere potest, tantum mascula virtus in omnes usus se dilatare valet. Vidimus nuper, praeter tot pugnas annis exactis feliciter pugnatas, onerariam hostium classem pretiosis memorabilem mercibus[83] vel in altum deiectam aequor aut pretio aut fuga redemisse ab impetu ducum tuorum resistendi impotentiam. Recte quidem, rex maxime, dum[84] coguntur hostes tui[85] impensis propriis contra se bellum, quod excitarunt, quod meruerunt, fovere. Sed quid iam tanto militiarum sibi velint conatu inimici tui, videndum est. An recipere validissimam Philisburgi arcem, an Montes, an Namureum, an Monmelianum, totque alias horridis munimentis vallatas[86]

---

[74] *disceptare*: sostituzione interlineare del cassato *certare*.

[75] *gloriam*: in interlinea.

[76] Cassato: *dissidio nunc*.

[77] *nunc*: in interlinea.

[78] *vacare*: sostituzione interlineare del cassato *advertere* preceduto da cassatura illeggibile.

[79] *Anglis*: sostituzione interlineare del cassato *una*.

[80] *iunctos*: sostituzione interlineare del cassato *cum Anglis*.

[81] *Anglos et*: in interlinea.

[82] Cassatura illeggibile (forse *eis*).

[83] Cassatura illeggibile (forse *vis*).

[84] Cassato: *perfidi*.

[85] *hostes tui*: in interlinea.

[86] Cassato: *ab*, anteposto a *vallatas*.

costretti a foraggiare a proprie spese contro se stessi una guerra che hanno suscitato e che si sono meritata. Ma che cosa ora vogliano per sé i tuoi nemici con così grande sforzo di milizie, è questione da esaminare. Forse riconquistare la solidissima fortezza di Philippsburg, o Mons, o Namur, o Montmélian, e tante altre città fortificate con formidabili baluardi, che costringesti alla resa di anno in anno?[14] Depongano, se ne sono sollecitati, questa temerarietà, e considerino con mente più saggia in che modo sia loro lecito proteggersi, non vincere. Se pure, per quanto ti concerne, può sembrare dubbio a taluni se tu possa vincere, tuttavia è per tutti inconfutabile che tu non puoi essere vinto. Ma da un lato tu sarai sempre lo stesso, o grande Luigi, e d'altro canto in questo stesso anno,[15] in cui i nemici erano balzati fuori più audaci, debellata e a caro prezzo Heidelberg,[16] sbaragliate le loro navi, e in Belgio, dopo una battaglia ingaggiata con discreto successo contro Carlo re,[17] aggreditane ora con tanto d'assedio la cittadella, com'è tuo costume apparisti più grande. E saranno gli stessi anche quelli che sono stati finora i tuoi nemici; naturalmente misureranno ogni giorno una lunga speranza con un esito nullo, moltipliche-

---

cato. Senza dubbio si tratta di uno dei tanti episodi avvenuti nel quadro della *guerre de course* praticata dalla marina francese ai danni dei nemici inglesi e olandesi dopo la battaglia di Beachy Head (1690): molte navi da guerra del re furono trasformate in navi corsare armate da imprenditori privati titolari di una commissione reale (i «naucleri» nominati nel testo latino a c. 8*v*); la cattura e/o il rilascio dietro riscatto di navi mercantili nemiche consentì notevoli introiti tanto agli armatori quanto alle casse del regno. Cfr. G. Symcox, *The Crisis of French Sea Power 1688-1697. From the* guerre d'escadre *to the* guerre de course, The Hague, Nijhoff, 1974.

14 La fortezza imperiale di Philippsburg, conquistata dall'esercito imperiale di Carlo V di Lorena nel settembre 1676 dopo un assedio di oltre quattro mesi, fu ripresa dai francesi nel 1688, che la tennero fino al 1697. Se nel 1684 questi dovettero accantonare il progettato assedio di Mons a motivo della locale penuria di rifornimenti, la conquista dell'importante piazzaforte vallona riuscì loro nell'aprile del 1691, durante la guerra della Grande alleanza, presente sul campo lo stesso Luigi XIV. Namur, l'altra cittadella vallona, cadde di lì a un anno, il 1° luglio 1692. Montmélian, in Savoia, «fortezza per la sua situazione quasi inespugnabile» (*AdI*, p. 395), cedette al Catinat nel dicembre 1691, dopo un mese di assedio (*ivi*, pp. 401-402).

15 1693.

16 Durante la guerra di successione del Palatinato o della Grande alleanza, Heidelberg fu occupata due volte, 1688 e 1693, dalle truppe francesi e completamente distrutta. Se, com'è probabile, il riferimento va a eventi bellici prossimi alla stesura del panegirico, Muratori alluderà all'occupazione e saccheggio della città tedesca del 22 maggio 1693.

17 Carlo II d'Asburgo, re di Spagna e dei Paesi Bassi valloni. La vittoria francese su di lui potrebbe essere quella di Landen o di Neerwinden, 29 luglio 1693, in cui il maresciallo Luxembourg sconfisse le forze alleate degli Asburgo, ai comandi del principe d'Orange Guglielmo III d'Inghilterra, il cui esercito era costituito per almeno due terzi dagli spagnoli dei Tercios de Zúñiga y Mancheño.

urbes, quas ad deditionem singulis annis compulisti? Exuant, si illa urgentur, temeritatem hanc, et saniori mente animadvertant, qua se arte tueri, non vincere sibi[87] liceat. Siquidem, quod ad te est, an vincere possis dubium quibusdam videri potest, te tamen vinci non posse omnibus in confesso est. Sed et idem semper eris, magne Ludovice, et hocce eodem anno, quo audaciores eruperant hostes, Haidelberga atque care[88] debellata, eorum navibus profligatis, ac in Belgio post proelium satis prospere commissum Carolo regi[89] arce nunc obsidione adpetita, more tuo maior apparuisti. Iidemque erunt etiam, qui adhuc fuere hostes tui, nimirum spem longam irrito successu quotidie metientur, quamplures copulabunt labores, ut tandem su[*7r*]perentur, totque post conatus unum retinebunt victoriae desiderium. Neque omini ratio unquam defutura est. Ecquando enim satis vigilantiae tuae occurrere quisquam possit? Meminimus (quod fidem vix apud posteros impetrabit) quam rapidis expeditionibus antea bellandi tempora praeoccupares, dumque copias suas cogere vix coeperant hostes, tum iam eorum moenia multiplici legione quateres. Consilium[90] utique tuum deprehendi, Ludovice; quum proeliandi[91] fortitudine maioribus tuis maior emineres, proeliandi[92] etiam ratione methodoque omnium maximus videri voluisti. Non te ad castra accivit consuetus veris tepor, sed obstinatas nives sudore suo proluit miles tuus, diuque illi cum procellis, cum gelu, cum hyeme certandum fuit, ut certare tandem cum hostilibus operis[93] posset. Temporum profecto vices mutasti, et tibi coacta est toties famulari horridior pars anni, ut pateret, non quoties coelum adveheret, sed quoties tu velles, opportuna ad bellum tempora fieri. Quis non miratus est media hyemis asperitate Monmelianum oppugnatum? Magnum quidem fuit illud constantiae exemplum. Post diuturnam obsidionem conditiones tandem deditionis propugnatores recepere. Sed Deum immortalem! quam fortes fuere, quam pervicaces, Ludovice, hostes tui! Nuda exierunt ac mobilia silicernia, um[*7v*]brae vitam simulantes, horribilesque laboris et famis reli-

---

87 *sibi*: in interlinea.

88 *atque care*: in interlinea.

89 *Carolo regi*: corretto su *Caroli regis*.

90 Da *Consilium* (c. *7r*) a *resumpsisti arma* (c. *7v*): citato in nota da Tommaseo, pp. 315-316 n.

91 Tommaseo riporta *praeliandi*.

92 Vd. nota 91.

93 Tommaseo aggiunge: «(*operibus* o *copiis*?)», correzione non necessaria: *hostiles operae* sono le difese nemiche.

ranno gli sforzi comuni per essere alla fine sopraffatti, [*7r*] e dopo tanti tentativi conserveranno della vittoria solo il rimpianto. Né mai all'auspicio dovrà mancare il sostegno della ragione. Quando mai, infatti, qualcuno potrebbe opporsi alla tua vigilanza? Ricordiamo (cosa che a mala pena otterrà credito presso i posteri) con quanto rapide spedizioni tu anticipassi i tempi della guerra, e mentre i nemici avevano a stento cominciato a raccogliere le loro truppe, già allora tu abbattessi le loro mura con un copioso esercito. Ho colto senz'altro il tuo disegno, o Luigi; poiché spiccavi maggiore dei tuoi maggiori[18] per il coraggio nel combattere, volesti apparire massimo fra tutti anche per il calcolo e il metodo del combattere. Non ti chiamò agli accampamenti il consueto tepore della primavera, ma con il suo sudore il tuo soldato sciolse le nevi persistenti e a lungo egli dovette lottare con le tempeste, col gelo, con l'inverno, per poter combattere infine con le opere nemiche. Davvero tu mutasti la vicenda delle stagioni, e la parte più ostica dell'anno fu tante volte costretta ad assoggettarsi al tuo servizio, perché risultasse manifesto che non quante volte lo procurasse il clima, ma quante volte lo volevi tu le stagioni diventavano atte alla guerra. Chi non rimase ammirato per l'attacco a Montmélian nel mezzo dei rigori dell'inverno?[19] Grande fu senza dubbio quell'esempio di costanza. Dopo lungo assedio i difensori accettarono finalmente le condizioni della resa. Ma Dio immortale! Quanto furono forti, quanto tenaci i tuoi nemici, o Luigi! Uscirono nude sagome e cadaveri ambulanti, [*7v*] ombre ridotte a parvenza di vita, e spaventosi relitti del patimento e della fame. Oh, che cosa fai, oh, che cosa non fai, desiderio d'immortalità insito nei nostri petti![20] Ancora invitti, fino a quando non furono vinti, e nella stessa calamità tuttora degni dell'invidia dei forti, combatterono gloriosamente, ma tuttavia perché si risolvesse in maggior gloria per il massimo vincitore l'aver attaccato così tenacemente un valore altrettanto tenace e l'aver vinto uomini a tal punto invitti.[21] Ma l'inclemenza del clima invernale non protesse neppure le città belghe; infatti fosti

18 Cioè dei tuoi antenati (*maiores*), ma nella traduzione conviene mantenere il poliptotico gioco verbale dell'originale.

19 L'assedio di Montmélian ebbe luogo precisamente dal 18 novembre al 20 dicembre 1692 (*AdI*, p. 402).

20 Evidente movenza virgiliana: cfr. *Aen.* III 56, *Quid non mortalia pectora cogis...!*

21 «i Franzesi [...] aprirono la trincea sotto quella piazza, che fu bravamente difesa, per quanto mai si poté, da quel governatore marchese di Bagnasco. Le artiglierie, le bombe e le mine con tal frequenza e vigore tempestarono quelle mura, case e bastioni, che nel dì 20 di dicembre con molto onorevoli condizioni convenne capitolarne la resa» (*AdI*, p. 402).

quiae. Proh quid agis, proh quid non agis insitum nostris pectoribus immortalitatis desiderium! Invicti etiam, dum vincerentur, et in ipsa calamitate etiamnum fortium invidia digni,[94] gloriose dimicarunt, sed tamen ut maiorem victori maximo in gloriam cederet tam pertinaciter pertinacem virtutem oppugnasse, adeoque invictos vicisse. Sed neque[95] Belgicas urbes[96] hyberni caeli intemperies tutata est;[97] nam et tam subitus ad moenia adstitisti, tam fervidus bellico tormento propugnacula diverberasti, ut vix testes victoriae, dum ad subsidium ruerent, hostes habere posses. Advenere ii quidem, et centena etiam militum millia traxere, sed ut eorum augeretur rubor, dum sub oculis munitissimae cederent arces, aut digniorem dominum poscerent. Nunquam procul dubio terribiliores certiusque triumphaturae[98] copiae tuae apparuerunt, quam quum tu gestata toties resumpsisti arma,[99] et armatus et equo sublimis Belgium calcasti, expeditionemque manu consilioque rexisti. Videre te Montes, et quamquam sensu animaque carentes, sibi gratulari quodammodo, sibi tibique plaudere visi sunt, et resistendi fortitudinem affectarunt, ut adventum tuum me[*8r*]ruisse viderentur. Laudo hostium tuorum ambitionem, sortemque simul invideo; maiore spectaculo quam aspectu tuo frui non poterant, maius non exoptarunt. Porro, rex maxime, si humili ab obsequio ad magnanimitatem tuam non consilium, sed amoris nostri impatiens querela accedere potest, sustine ut[100] invideamus gloriae tuae, ut hortemur, ut rogemus ne ullum in discrimen amplius agi patiaris tanti principis vitam. Nihil tantum est, quod Ludovici periculo petam, et prope est ut exclamem nimio nobis constasse principem habuisse victorem, si qua etiam minima cum periculi umbra victorem habuimus. Procedant alii ad castra, quos tyrannis ad solium evexit quibusque per arma aut stabiliendum aut servandum est armis occupatum imperium. Dum[101] regnent, passim periclitentur: fidei, pietati ob

---

[94] Cassato: *aut sibi Gallicum regem, aut te Gallico regi milites iuste exoptarunt. Sic ii* (*ii* sostituisce a sua volta il cassato *ipsi*).

[95] *Sed neque*: sostituisce in nota sul margine destro il cassato *Eandem praeterea quoque sortem Belgici urbis*.

[96] *Belgicas urbes*: le desinenze sono state sovrascritte sulle precedenti *-i* e *-is*.

[97] *tutata est*: sostituzione interlineare del cassato *defendit*.

[98] *certiusque triumphaturae*: sostituisce, parzialmente con sovrascrittura, il cassato *magisque victurae*, e prosegue poi in nota su margine destro per terminare all'interlinea successiva.

[99] Vd. nota 90.

[100] Per il raro costrutto *sustineo + ut*, cfr. Balb. ap. Cic. *Att.* IX 7B,1, *sentio quod tu, non posse tuam famam et officium sustinere, ut contra eum arma feras*.

[101] *Dum*: sostituzione interlineare del cassato *Modo*.

anche tanto fulmineo nel prendere posizione sotto le mura, tanto focoso nel martellare i bastioni con le macchine da guerra, che a mala pena potevi avere testimoni della vittoria i nemici, finché non si precipitarono a recare soccorso. Essi arrivarono bensì, e portarono seco anche centinaia di migliaia di soldati, ma perché si accrescesse la loro vergogna, mentre crollavano sotto i loro occhi cittadelle fortificatissime, o invocavano un sovrano più degno. Mai senza dubbio le tue truppe apparvero più terribili e più sicuramente destinate a trionfare che quando tu riprendesti le armi tante volte portate, e armato e alto in sella al cavallo calpestasti il Belgio e guidasti la spedizione con la mano e con la strategia. Ti videro gli abitanti di Mons e, seppur menomati nel sentire e nell'anima, sembrarono in certo qual modo rallegrarsi con se stessi e applaudire se stessi e te, e diedero a vedere il coraggio di resistere per dare l'impressione di aver meritato il tuo arrivo. [*8r*] Lodo l'ambizione dei tuoi nemici, e al tempo stesso ne invidio la sorte; non potevano godere di uno spettacolo maggiore di quello della tua vista, uno più grande nemmeno se lo sarebbero augurato.[22] Inoltre, o sommo re, se dall'umile ossequio può avere accesso alla tua magnanimità non un consiglio, ma l'impaziente rimostranza del nostro amore, permettici di essere gelosi della tua gloria, di esortarti, di pregarti di non lasciare che la vita di un così grande principe sia ulteriormente esposta ad alcun pericolo. Non soltanto ho motivo di reclamarlo a causa del pericolo di Luigi, ma persino poco manca che io gridi che troppo ci è costato l'aver avuto un principe vincitore, se vincitore l'abbiamo avuto con qualche sia pur minima ombra di pericolo. Muovano altri alla volta dei loro accampamenti, quelli che la tirannide elevò al trono e dai quali dev'essere consolidato o conservato con le armi quel potere che con le armi è stato conquistato. Pur di regnare, si espongano ai pericoli per ogni dove: hanno rinunciato alla lealtà e alla pietà per quest'unica smania, e tanto fan conto della vita quanto occorre per prolungare l'usurpazione. Per costoro è abituale temere il tradimento, e ritengono di dover costringere con la loro presenza i soldati, che la consapevolezza di una causa iniqua allontana dal combattere. Ma tu, principe giustissimo e nato per proteggere i giusti, che hai da temere? Tu puoi

---

[22] Il riferimento va al già ricordato assedio di Mons (15 marzo - 10 aprile 1691), episodio militarmente rilevante della guerra della Grande alleanza, cui prese parte lo stesso Luigi: la cittaforte vallona, sita poco oltre la frontiera, costituiva l'ultimo ostacolo prima di Bruxelles, quartier generale della coalizione antifrancese. Cfr. R. Rapaille, *Le siège de Mons par Louis XIV en 1691. Étude du siège d'une ville des Pays-Bas pendant la guerre de la Ligue d'Augsbourg*, Mons, Éditions du Renard découvert, 1992.

hanc unam libidinem renunciarunt, tantique vitam pendunt, quantum ad usurpationem[102] protrahendam est opus. Hisce[103] familiare est proditionem metuere, praesentiaque sua milites cogendos censent, quos malae causae conscientia a praelio[104] avertit. Tibi vero, iustissime[105] et iustos tueri natus princeps, quid formidandum est? Amantissimos exercitus, acerrimos ac invictissimos duces tuto proterendis inimicorum ausibus committere potes. Parce timori nostro: volumus te in pace, [*8v*] te licet tot[106] circumveniant bella, quia e regia tua consilio etiam pugnare, et tutius pugnare tibi licebit. Sit princeps lucidioris planetae imitator, qui ab uno nunquam dimotus caelo, universo terrarum orbi lucem impertitur et vitam. Sic ab augustissima urbe tua velut a capite reliqua in membra deriventur vitalia munera. Sat timentur summi tuorum castrorum praefecti, quia et in eis Ludovicus pugnat. Sat tuti aequore provehuntur vel phaseli et celoces ac myoparones tui, illos quippe ubertim armat possidentis terror, et nimium eis commendationis accedit, quum tuos esse patet. Scimus, quum a portubus quandoque progressurae sunt Gallicae naves, omnes illuc tam frequentes transvehendas per orbem mercaturas confluere, ut tacita nocte solvere naucleri adigantur, ne nimio pressa onere navigia ipsomet in portu naufragium nanciscantur. Credunt et merito credunt populi fidissimum a pyratis, ab hostibus tuis, et prope est ut dicam[107] a procellis asylum, si auspicio tuo protegantur. Noscunt[108] enim, quam terribilem toto mari te reddiderint continuatae victoriae exactaeque suo tempore de tuis contemptoribus vindictae. Et par utique semper fuit, ut qui nominis tui magnitudinem parvipenderent, potentiae magnitudine ab iniuriis cohiberentur. Quidam potentem irr‹it›arunt,[109] et potentem tandem senserunt;[110] nam contumeliam nec facere nec pati ingenuus et fortis potest. Neque ego inter minimas laudes gloriosissimi regis reticebo ultimos aequoris praedones Algerianos insolitis adpetitos [*9r*] armis. Ign‹i›ariae[111] quippe ollae missiles sub te excogitatae fuere,

---

[102] *usurpationem*: sostituzione interlineare del cassato *scelera*.

[103] *Hisce*: sostituzione interlineare del cassato *Proditoribus*.

[104] *praelio*: forma meno attestata di *proelio*.

[105] Cassato: *princeps*.

[106] *tot*: in interlinea.

[107] *prope est ut dicam*: sostituzione interlineare del cassato , *(si fas esset dicere)*.

[108] Cassatura illeggibile anteposta a *enim* (forse *etenim*).

[109] Il ms. ha *irrarunt*, corretto su *irratunt*, da emendarsi come a testo.

[110] *senserunt*: con sostituzione interlineare della sillaba *se* con la cassata *tie*.

[111] *Ign‹i›ariae*: si è corretto un errore ortografico presente nel testo originale, che reca *Ignariae*.

affidare con sicurezza agli eserciti più devoti, ai comandanti più fieri e invitti il compito di annientare le temerarie azioni degli avversari. Risparmia il nostro timore: ti vogliamo in pace, [*8v*] ancorché ti circondino tante guerre, poiché dalla tua reggia ti sarà lecito combattere anche con la strategia, e combattere più al sicuro. Sia il principe imitatore dell'astro più luminoso, che senza mai allontanarsi dal solo cielo dispensa luce e vita a tutto il mondo.[23] Così dalla tua augustissima città come dal capo derivino alle membra doni vitali. Assai temuti sono i più alti prefetti dei tuoi presidî militari, poiché anche in loro è Luigi che combatte. Assai sicuri si spingono sul mare anche i tuoi vascelli, e i caicchi, e i brigantini, dato che abbondantemente li arma il terrore che incute il loro proprietario, e a essi si aggiunge un sovrappiù di raccomandazione, in quanto è manifesto che sono tuoi. Sappiamo che, quando talora dai porti le navi francesi stanno per prendere il largo, là tanto numerose confluiscono le merci che devono essere trasportate per il mondo, che gli armatori sono costretti a salpare nel silenzio della notte, perché oppresse dal carico eccessivo le navi non abbiano a naufragare nel porto stesso. Credono i popoli, e a ragione lo credono, che il più fidato riparo dai pirati, dai tuoi nemici, e starei per dire dalle tempeste, sia godere di protezione sotto i tuoi auspici. Conoscono infatti quanto terribile ti abbiano reso sull'intero mare le ininterrotte vittorie e le vendette che a tempo debito ti sei prese sui tuoi spregiatori.[24] E in ogni caso è sempre stato naturale che coloro i quali tenessero in poco conto la grandezza del tuo nome, dalla grandezza della tua potenza fossero trattenuti dal recare offese. Taluni provocarono il potente e alla fine potente lo sperimentarono; infatti un uomo libero e forte non può né commettere né patire oltraggio. Né tra le lodi più piccole del gloriosissimo re passerò sotto silenzio gli ultimi predoni del mare algerini, assaliti con armi insolite. [*9r*] Proprio sotto il tuo regno furono escogitati i recipienti incendiari da getto, grazie ai quali venisse sconvolta la quiete all'interno della città e, distrutti i tetti e i piani degli edifici dai proiettili di fuo-

---

23 È questa, nel panegirico, l'unica occorrenza dell'immagine topica del Re Sole.

24 Allusione alle vittorie navali riportate dalla flotta francese al comando dell'ammiraglio Anne Hilarion de Costentin de Tourville, durante la guerra della Grande alleanza: Capo Bévéziers o Beachy Head (10 luglio 1690), quando una squadra di 75 vascelli, con in testa la celebre nave ammiraglia *Soleil Royal*, sconfisse le flotte inglese e olandese, fruttando alla Francia il temporaneo controllo della Manica, e Capo San Vincenzo o Lagos (27 giugno 1693), al largo della costa meridionale dell'Algarve, rivincita francese dopo la sconfitta di Barfleur-La Houge (4 giugno 1692). Non ne parlano gli *AdI*, dichiaratamente concentrati sulle sole vicende italiane: «conveniva attendere anche alla guerra contro i Franzesi. Di questa io nulla parlerò, chiamandomi l'Italia a riferir ciò che più importa» (*AdI*, pp. 391-392).

quibus interna urbis quies praestringeretur, tectisque et tabulatis flamma volante prostratis, suis tumularentur ruinis nullo digni tumulo infames pyratae. Levis illa quidem pro merito vindicta fuit, sed voluntati iraeque tuae accommoda, qua voluisti timeri, non superare. Sed iam faelicitatis tuae rationem, Ludovice,[112] quidque tibi tot palmas pepererit, si quisquam nosse cupit,[113] religionem[114] ego protinus indico,[115] quae tibi adeo omnipotentem devinxit dexteram, ut caeli semper intersit te facere victorem. Vulgare nequaquam est pii principis opus floridissimo regno virulentam haereticorum luem abdicasse. Furebat heic arrogans, tumultuarium et caelo tibique infensum genus, quodque atrocius erat, spem remedii consumpserat indurata morbi pravitas. Nihil tutum, nihil non inquinatum, omnisque angulus bellum adversus regem proprium sonare videbatur; adeo fas sibi ducunt humanis renunciare legibus, qui divinas ante proculcavere. Atqui te[116] unum contra tumultuariam gentem excitavit Deus.[117] Neque interfuit mora, quandoquidem ex improviso vel trans regnum vel intra veram[118] religionem degere coacti sunt omnes, qui servitio ante contempto, in regni communionem paene se intruserant. Quam constans, quam subitus tum fuisti, Ludovice, quam timendus! Exonerarunt impio et exitiali pondere, liberarunt metu Gallias, abierunt, eruperunt, neque [**9v**] verbum mutire ausi sunt. Putares non esse haereticos, petulantes videlicet superbosque homines, et vi numeroque audaces. Et tamen edicto uni debuimus quod tot antea bellorum motus[119] incassum tentavere. Exin tibi eximiae semper curae fuit aut fidem per Gallias exornare, aut dilatare in finitimos, aut protegere in extraneis. Multas tibi habet et habitura est gratias Britannia, cuius a Caroli Secundi nece catholicum regem recepisti et reddidisti, validaque dein armatorum manu ita fovisti, ut veterem illa iamiam sperare posset nitorem. Sed vicit hac vice perfidia, iterumque quaerere te hospitem Iacobus piissimus rex

112 Cassato: *poscimus*.

113 *si quisquam nosse cupit*: sostituzione interlineare preceduta anch'essa da depennatura di parola illeggibile del testo cassato *novisse ardemus. Summam sane pietatem tuam, et*.

114 Cassatura illeggibile (forse *assignare*) ed *ego* in interlinea.

115 *indico*: sostituzione interlineare del cassato *datur*.

116 *te*: in interlinea.

117 *tumultuariam gentem excitavit Deus.*: in interlinea sul cassato *nefarios sibi defensorem paraverunt caeleste Numen, regnumque Gallicanum*.

118 Cassatura illeggibile (forse *fid(em)*).

119 *motus*: ma è lettura incerta.

co, rimanessero sepolti sotto le proprie rovine gl'infami pirati indegni di una sepoltura.[25] Lieve fu senza dubbio quella vendetta rispetto a ciò che avrebbero meritato, ma commisurata alla tua volontà e alla tua collera, con cui volesti farti temere, non stravincere.

Ma ora, se qualcuno brama conoscere la ragione del tuo successo, o Luigi, e che cosa ti abbia procurato tanti allori, subito io indico la religione, che a te legò la mano onnipotente a tal punto che al cielo sempre sta a cuore di farti vincitore.[26] Non è per nulla ordinaria l'impresa compiuta dal pio principe con l'aver estirpato dal fiorentissimo regno la virulenta peste degli eretici.[27] Infuriava qui arrogante, disordinata e ostile al cielo e a te questa genia, e, cosa che era più odiosa, la depravazione del morbo consolidatasi nel tempo aveva annichilito la speranza di un rimedio. Nulla più era sicuro, nulla che non fosse inquinato, e ogni angolo pareva echeggiare grida di guerra contro il proprio re; a tal punto ritengono che sia loro lecito ricusare le leggi umane, essi che calpestarono prima quelle divine. Orbene, te solo suscitò Iddio contro codesta gentaglia scomposta. Né si frappose indugio, dal momento che di punto in bianco furono costretti a vivere o fuori dal regno o dentro la vera religione tutti coloro che, disprezzata in precedenza la sottomissione, si erano quasi a forza insinuati nella comunità del regno. Quanto fosti allora risoluto, quanto fulmineo, o Luigi, quanto temibile! Sgravarono la Francia da un peso empio ed esiziale, la liberarono dalla paura, se ne andarono, si precipitarono fuori [*9v*] e non osarono borbottare parola. Avresti creduto che non fossero eretici, cioè uomini insolenti e superbi, e audaci per forza e per numero. E tuttavia siamo debitori a un solo editto di ciò che prima tanti moti di guerre tentarono invano.[28] Quindi tu avesti sempre straordina-

---

25 Sono le *galiotes à bombes*, le chiatte o galeotte bombardiere il cui ruolo fu determinante nei duri bombardamenti francesi ai danni di Algeri tra il 1682 e il 1684: cfr. J.A. Lynn, *The Wars of Louis XIV 1667-1714*, Harlow, Longman, 1999, pp. 171-174 (*Terror from the sea: naval bombardments in 1681-85*).

26 L'idea del buon esito bellico ottenuto grazie al favore divino fa pensare al dantesco «cui la destra del ciel fu sì congiunta» (*Pd* VI, 26), che sembra richiamato da coincidenze sintattiche (le due frasi relative), lessicali («omnipotentem [...] dexteram») e semantiche (l'idea del legarsi, «devinxit»/«congiunta», riferita alla mano divina).

27 Con l'editto di Nantes (1598) Enrico IV di Borbone aveva garantito legittimità politica e libertà di culto agli Ugonotti; la revoca voluta da Luigi XIV (1685) indusse mezzo milione di profughi a emigrare verso altri paesi, trovando accoglienza soprattutto in Olanda e nel Brandeburgo.

28 L'editto di Fontainebleau (18 ottobre 1685), che revocò la concessione ai protestanti della libertà di culto e dei diritti politici, militari e territoriali prevista dall'editto di Nantes di Enrico IV (1598). Cfr. *AdI*, p. 368: «quel che fece maggiormente risonare il nome del cristia-

adactus fuit, nunquam magis imperio dignus, quam quum imperium fugit.[120] Neque ad alium revera confugiendum illi fuit, quam ad caeli fideique primogenitum propugnatorem. Sub aliis regnum amisisse videri poterat, sub te mutasse potest videri. Intelligo quam delicatum, quam recens vulnus retentem; at ne maximam hanc duorum regum gloriam silentio damnarem, fari mihi licuerit. Memorabile utique in memoria temporum stabit teque tam magnifice excepisse tutarique fugientem, illumque tam sancte fugisse maioremque regno regalem animum gessisse. Sublime ambo magnanimitatis documentum tulistis, ille vastum temnendo imperium, tu temnentem amplexando; ille animi constantia clarus, tu munificentia; pietate uterque.[121] [***10r***] Sed quod iste dereliquit, pro Deo dereliquit; amisisse autem pro Deo, amisisse non est.[122] Fortassis etiam[123] brevi vultum cum fortuna mutatura est[124] Anglia, nimis enim magnum tutorem sibi caelum adscivit, Ludovicum nempe; et sperandum, quod modo[125] facta sit Ludovici causa, quae Dei erat, sicut antea Dei causa semper facta est, quae Ludovici fuit.[126] Vincat magnanimus rex, iam vincat: nunquam enim sibi tantum victurus est, sed et Deo. Facile vero est, magne princeps, quum tanta de armorum tuorum nunquam quiescentium gloria dici queant, ut in suspicionem quis inducatur non bene magnitudinis tuae conscius, gloriam tuam heic unice concludi. Attamen[127]

---

120 Testo cassato: *Et quidem cum ad posteros descendent eius aerumnae, eius gloriae, habitu quidem a reliquis dissimiles erunt, sed non maiestatis*; nello spazio interlineare al di sopra del primo *quidem* cassato si trova un *sane* inserito successivamente e poi cassato.

121 Testo cassato: *Praeterea fatendum est, maiorem heic religionis, quam regis fuisse*/ /*fuisse iacturam, siquidem*.

122 Testo cassato: *Verum enimvero, quod ad illam spectat, anxio dolore prosequendum non est, quicquid enim in eam actum est, divino est* (in interlinea) *imputandum* (variante immediata; cassato: *est*) *iudicio, duraturam forte per tot adversa Anglis faelicitatem destinanti. Nec dubium est, quin*.

123 *Fortassis etiam*: in interlinea.

124 *est*: in interlinea.

125 *; et sperandum, quod*: sostituzione interlineare del cassato *Quid amplius formidinis superest? quum*.

126 Sostituito dal normale punto il punto interrogativo.

127 *gloriam tuam heic unice concludi. Attamen*: sostituzione interlineare del seguente testo cassato: *teque semper bellicis districtum curis, teque per bella unice commendabilem adhuc fuisse. Quam autem multis extemplo hunc refellere possem rationibus, dictu arduum videtur. Equidem video clarissimi quam durum opus, quamque inextricabilem rem explorarim, laudes nempe tanti regis reserare, quae satis stupore, satis oratione lustrari nequeunt. Obest ipsa ducturo copia, et tamen si mihi tacendum sit, facile aut caeci, aut ingrati, aut invidentis crimina subeam. Nemo magis laudandus est, quam qui satis laudari non potest. Et*.

riamente a cuore o di favorire la fede in tutte le regioni della Francia, o di estenderla presso i popoli confinanti, o di proteggerla tra quelli stranieri. Molto ti ringrazia e continuerà a ringraziarti in futuro la Britannia, di cui, dopo la morte di Carlo Secondo,[29] accogliesti e reintegrasti il re cattolico, e lo sostenesti quindi con un robusto schieramento di truppe, di modo che essa potesse sperare di recuperare di lì a poco l'antico splendore. Ma questa volta vinse la perfidia, e Giacomo piissimo re fu di nuovo costretto a chiedere la tua ospitalità, mai più degno del potere che quando dal potere fuggì.[30] Né in realtà egli dovette rifugiarsi da altri se non dal primogenito difensore del cielo e della fede. Sotto altri poteva sembrare di aver perduto il regno, sotto di te può sembrare di averlo commutato. Capisco quanto delicata e quanto recente ferita io stia toccando di nuovo; ma per non condannare all'oblio questa massima gloria di due re, mi sia stato lecito parlarne. Resterà in ogni caso memorabile nella memoria futura sia il fatto che tu abbia splendidamente accolto il fuggitivo e gli offra protezione, sia che quello sia fuggito comportandosi così santamente[31] e abbia mostrato un animo regale più grande del regno. Entrambi avete fornito una sublime testimonianza di magnanimità, quello disdegnando un ampio potere, tu abbracciandolo quando lo disdegnava; quello illustre per fermezza d'animo, tu per generosità; ambedue per pietà. [***10r***] Ma ciò che egli abbandonò, l'abbandonò in nome di Dio; d'altronde averlo perduto in nome di Dio, non è averlo perduto. Forse, anzi, entro breve tempo l'Inghilterra è destinata a mutare volto assieme alla fortuna; troppo gran protettore infatti il cielo si è assunto, vale a dire Luigi; e c'è da sperare che ora la causa di Luigi sia divenuta quella che era di Dio, così come prima sempre divenne causa di Dio quella che fu di Luigi. Vinca

---

nissimo monarca fu l'editto da lui pubblicato nell'ottobre di quest'anno [*scil.* 1685] con cui rivocò ed annullò l'editto di Nantes del 1598, vietando in avvenire ne' suoi regni l'esercizio della setta calviniana».

29 Carlo II d'Inghilterra morì il 16 febbraio 1685.

30 Il cattolico Giacomo II d'Inghilterra, ultimo della casa Stuart sul trono britannico, lasciò il regno nell'ottobre del 1688, a seguito della Gloriosa rivoluzione e dello sbarco di Guglielmo III d'Orange, e si rifugiò per la seconda e ultima volta in Francia, dove rimase fino alla morte (1701). Non va escluso che, nell'elogio tributato a Luigi per l'accoglienza dell'esule, Muratori rivolga un implicito pensiero anche a Maria Beatrice d'Este, figlia del duca di Modena Alfonso IV e piissima consorte del sovrano inglese, le cui «riguardevoli [...] virtù [...] s'affinarono maggiormente a guisa dell'oro nel fuoco delle tribulazioni», e furono «sì luminose, sì grandi, che in altri tempi [...] non sarebbe a lei mancato il titolo e la pubblica gloria di regina santa» (L.A. Muratori, *Delle antichità estensi continuazione o sia parte seconda*, Modena, Stamperia Ducale, 1740, cap. XVIII, p. 599).

31 Per non tradire, cioè, la fede cattolica.

minimum[128] est, quod retulimus, et[129] quasdam delibavimus virtutum, illarum collegium non contigimus. Quaedam igitur perpauca subiiciamus, quae neque[130] animi defectum neque audaciam tamen prae se ferant. Et[131] ip[***10v***]samet haec nobilis procerum corona, ipsimet Parisii, immo regnum totum meis occurrit[132] oculis continuatum, Ludovice, laudum tuarum argumentum. Subit quam fausto consilio[133] in uno capite potestas omnis nunc[134] sedeat,[135] quae tanto tutior habenda est, quanto a discordiis, ab ambitu longius distat, tanto faelicior, quanto magis administratio tua celebratur. In te uno[136] universa gens quiescit reliquis aliena curis quum tam securum humeris tuis nitatur imperium. Memoria repeto, in quot dissidia raptus olim fuerit hic idem tam fidus modo tamque amans populus; tuisque virtutibus adscribendum est, quae imitatores tot peperere. Fortuna est bonos subditos habere, virtus fecisse; tu vero maluisti adhuc videri invenissse bonos, quam fecisse. In exemplum te composuisti, timoremque servile remedium ratus, fecisti ut sequerentur praeeuntem,[137] non traherentur, teque optimis populis dignum principem praestando, optimo principe dignos populos comparasti; magna etenim innocentiae necessitas est, ubi quotidie ab innocentia dominantis tacite damnatur scelestus. Incredibile nunc est, quam obsequentes, quanto stupore ac amore correpti te suspiciant divinitus sibi datum, ut[138] appareat eos quidem talem te per vota sua effingere, sperare autem non potuisse, teque votorum communium cupiditatem[139] transcen[***11r***]disse. Certant tecum beneficiis, bellicisque necessitatibus prospicientes ultro fortunas, opes offerunt, maximumque eis videtur munus te munus acci-

---

128 Cassato: *sane*.

129 *et*: in interlinea.

130 *neque*: in interlinea.

131 *Et*: in interlinea.

132 Cassato: *laudibus*.

133 Cassato: *antiquum excelsi Senatus regimen commutatum sit, ut*.

134 *nunc*: in interlinea.

135 La desinenza *-at* è aggiunta alla radice del verbo sul margine destro e cassata nella riga successiva.

136 *In te uno*: sostituzione sul margine destro del cassato *Unum supra*; segue cassatura illeggibile (forse *te*).

137 *praeeuntem*: sovrascritto a *praebentem*.

138 *ut*: in interlinea al di sopra di cassatura illeggibile.

139 *cupiditatem*: sostituzione interlineare del cassato *avaritiam*.

il magnanimo re, vinca tosto: mai infatti è destinato a vincere solo per sé, ma anche per Dio. È invero facile, o grande principe, dal momento che tanto grandi cose si possono dire sulla gloria delle tue armi mai inerti, che qualcuno non ben conscio della tua grandezza sia indotto a sospettare che unicamente qui si concluda la tua gloria. Tuttavia, ciò che abbiamo riferito è il minimo, e delle tue virtù ne abbiamo solo assaggiate certune, ma non ne abbiamo toccato l'insieme.

Presentiamone dunque taluni pochissimi tratti, che non ostentino né difetto di coraggio né tuttavia audacia. [***10v***] E questa stessa nobile corona di maggiorenti,[32] la stessa Parigi, anzi l'intero regno si presenta ai miei occhi, o Luigi, come l'ininterrotta riprova delle lodi che ti vengono tributate. Mi viene in mente con quanto propizia decisione in una sola persona risieda ora tutto il potere, che tanto più sicuro deve essere considerato quanto più è distante dalle discordie e dall'ambizione, tanto più felice quanto più è celebrata la tua amministrazione. In te solo confidando l'intera popolazione sta tranquilla, estranea alle altre preoccupazioni, dal momento che il governo poggia tanto sicuro sulle tue spalle. Rammento in quante discordie sia stato un tempo trascinato questo stesso popolo ora tanto fedele e tanto devoto: e ciò si deve attribuire alle tue virtù, che tanti imitatori hanno suscitato. È fortuna avere buoni sudditi, virtù averli foggiati; ma tu, per la verità, hai finora preferito far mostra di averli trovati buoni, piuttosto che averli resi tali. Ti proponesti come esempio e, giudicando il timore un rimedio servile, facesti in modo che ti seguissero quando li precedevi, non che fossero trascinati, e, mostrandoti un principe degno di ottimi popoli, ti procurasti popoli degni di un ottimo principe; c'è infatti un gran bisogno di rettitudine, laddove ogni giorno il malvagio è tacitamente condannato dalla rettitudine del sovrano. È ora incredibile quanto ossequiosi, da quanto grande stupore e amore colpiti ammirino in te un dono conferito loro dal cielo, tanto che risulta evidente che essi avrebbero bensì potuto immaginarti tale nei loro auspici, ma non sperarlo, e che tu abbia superato il desiderio dei voti di tutti. [***11r***] Gareggiano con te in beneficenze e, per provvedere alle necessità belliche, offrono spontaneamente beni e risorse, e che tu accetti il dono pare loro il dono più grande. Tu infatti sei solito rifondere le ricchezze stesse e, pago dell'amore constatato, le rifiuti con la stessa magnanimità con cui ti sono state date. Così il mare ai medesimi fiumi da cui è alimentato riporta le acque alla sorgente e, mentre fornisce il flutto destinato a tornare in-

---

32 Si riferisce ai Pari di Francia.

pere. Soles enim[140] ipsas refundere divitias, et amore cognito contentus eadem magnanimitate respuis, qua sunt datae. Sic pelagus iisdem, quibus augetur, amnibus, regerit aquas in fontem, dumque rediturum rursus suggerit fluctum, cum eis nobile de munificentia efficit commercium.[141] Atqui non populus tantum munificentia tua oneratur: regnum totum beneficiis tuis patet, et vix sufficit. Aut pia in egentium opem hospitia, aut innumera templa divinum in cultum excitata, aut palatinae domus meliori auctae regalique ornamento, aut urbes integrae pristino redditae decori fuerint, passim occursat luminibus meis Ludovicus. Ecquidnam hoc est ingenium tuum, princeps gloriosissime? Portus regno reddidisti, portubus commercii affluentiam, regia ad prodigium usque rura amplificasti, literarum[142] studia fovisti, augustisque bibliothecis in studentium commodum tuamque domum tuasque academias instruxisti. Quaenam est haec[143] innocens ac splendidissima ambitio tua, Ludovice? Nemi[***11v***]nem non vinctum beneficiis tuis sustines? nullum liberalitate tua immunem locum pateris? Quid cogitasti, quum mirabili conatu infero[144] superum mare concurrere coegisti? quum in[145] vetustum nemus undas[146] Oceani Tyrrhenique pertraxisti?[147] Stupuit,[148] ut ita dicam, sylva cadens montibus exsuperatis[149] dimotisve, novos successisse incolas, remisque diverberari piscibusque peragrari immane spatium feris ante domicilium.[150] Memoriae proditum est tentasse olim Neronem Claudium a Miseno ad[151] Avernum lacum aquas[152] deducere[153] fossamque ab eodem lacu ad Ostiam[154] usque instruere, qua contrariae quin-

---

140 Cassatura illeggibile legata e posta all'inizio della congiunzione *enim* (forse *etenim*).

141 Testo cassato: *Sed neque tuis ii vincuntur beneficiis, et ipsi liberalitati tuae obsistunt, et quandocunque praemium eis aliquod (hoc autem frequenter, immo in diem contingit) a te destinatur, mercedi renunciant, et didicerunt unica tibi obsequii gloria famulari.*

142 *literarum*: in interlinea.

143 Cassato: *hae*.

144 *infero*: la desinenza *-o* è soprascritta alla cassata *-um*.

145 *in*: in interlinea.

146 *undas*: in interlinea.

147 *pertraxisti?*: sostituzione interlineare del cassato *fluctus proluere*.

148 Cassatura illeggibile.

149 Cassatura della virgola.

150 Sostituzione del punto interrogativo col punto.

151 Cassatura illeggibile.

152 *aquas*: in interlinea.

153 Cassatura di *qua contrariae quinqueremes commea*, ripreso poco sotto.

154 Cassatura illeggibile posta all'inizio del toponimo *Ostiam*.

dietro, realizza con essi un nobile rapporto basato sulla generosità. Ebbene, non soltanto il popolo è ricolmato dalla tua munificenza: tutto quanto il regno è campo aperto ai tuoi benefici e basta appena. O siano i pii ospizi in aiuto degli indigenti, o gli innumerevoli templi eretti per il culto divino, o le dimore imperiali arricchite di un migliore e regale ornamento, o che intere città siano state restituite al loro primitivo splendore,[33] ovunque ai miei occhi si presenta Luigi. Di che tempra è mai questo tuo talento, o gloriosissimo principe? Hai restituito i porti al regno, l'afflusso del commercio ai porti, hai accresciuto fino al prodigio le regie campagne, hai favorito gli studi letterari, hai dotato di auguste biblioteche a vantaggio di chi studia sia la tua dimora, sia le tue accademie.[34] Che sorta di ambizione è mai questa tua disinteressata e splendidissima, o Luigi? [***11v***] Non sopporti che alcuno non sia obbligato dai tuoi benefici? Non tolleri che alcun luogo sia carente della tua generosità? Che cosa pensasti quando con sforzo sbalorditivo costringesti l'Oceano a collegarsi col Mediterraneo?[35] Quando trascinasti a forza dentro un'antica foresta le onde dell'Oceano e

---

33 Risale al periodo della minorità di Luigi XIV l'istituzione dell'Ospedale generale di Parigi (27 aprile 1656), deputato a sovrintendere le strutture sanitarie e assistenziali parigine nel loro complesso. Altrettanto precoce e tenace l'impegno del sovrano nell'erezione di chiese ed edifici di culto, da Val-de-Grâce (1645) a San Rocco (1653), dalla cappella dell'Hôtel royal des Invalides (1680) a quella di Versailles (1689). Quanto alle dimore regie basti ricordare Versailles (la Reggia e il Gran Trianon), e per l'edilizia urbana il Collège des Quatre-Nations (1662), le nuove facciate del Louvre (1667), la Place Vendôme e la Place des Victoires (1684).

34 Muratori allude alla biblioteca reale, aperta al pubblico nel 1692 (S. Balayé, *La Bibliothèque nationale des origines à 1800*, Genève, Droz, 1988), nonché alle varie accademie di istituzione regia: française (1635), de peinture et de sculpture (1648), des inscriptions et belles-lettres (1663), des sciences (1666), de France à Rome (1666), de musique (1669), d'architecture (1671). Anche nel *De Graecae linguae usu et praestantia*, coevo al panegirico, il giovane erudito ricorda le ingenti spese affrontate da Luigi per sostenere le istituzioni culturali e promuovere i consessi accademici; e proprio alle accademie di Francia, nei *Primi disegni*, guarderà nel delineare il «disegno» dell'erigenda «Repubblica letteraria d'Italia», pur nella consapevolezza del difficile trapianto del modello francese in un'Italia politicamente frazionata.

35 Muratori evoca qui la realizzazione del Canal du Midi (1665-1681), una delle più grandi e innovative opere di ingegneria idraulica del XVII secolo («le monument le plus glorieux par son utilité, par sa grandeur et par ses difficultés»: Voltaire, *Siècle de Louis XIV* [1751], in Id., *Œuvres complètes*, t. XIV, Paris, Garnier, 1878, cap. XXIX, p. 506), che collegando Garonna e Aude veniva a congiungere Atlantico e Mediterraneo da Bordeaux a Sète con una via d'acqua navigabile di 240 km, secondo il piano presentato a Luigi XIV da Pierre Paul Riquet de Bonrepos nel 1662. Stando al Forcellini (II 824 *s.v. inferus*, III 184 *s.v. mare*, IV 612 *s.v. superus*) le espressioni *mare inferum* e *mare superum* designano rispettivamente, ed esclusivamente, il Tirreno la prima e l'Adriatico e/o lo Ionio la seconda; ma l'inequivoco riferimento al Canal du Midi impone senz'altro di tradurre le due locuzioni latine con gli specifici talassonimi a testo, il secondo dei quali, «Oceano», direttamente richiamato poco oltre in *undas Oceani Tyrrhenique pertraxisti* (dove *Tyrrhenus* varrà estensivamente 'Mediterraneo').

queremes commearent; sed compertum etiam habemus opere alioqui tantillo victum Romanum imperatorem destitisse. Furentem etiam Cyrus[155] amnem[156] in rivulos diduxit, poenasque aquae uberioris repetens ita extenuavit, ut cuicunque vel puero superabilis esset. Sic alios accepimus aut insania aut prava ambitione concitos magnis manum admovisse operibus. Verum plerumque illa non magnus animus, sed magna fortuna faciebat. Tu[157] vero in hoc mirabili nisu beneficentiam tantum praetulisti, et ac si tibi reservatum a Deo foret terrarum castigare defectus mundique symmetriam in melius componere, futura operis utilitate inspecta, maria terris intulisti, unumque interea prodesse in animo tibi fuit. In[***12r***]telligo plane, rex maxime: quum tantum posses, incongruum tibi arbitratus esses nisi tantum velles. Quin ingeniosum esse in liberalitate opus tibi fuit, ne minor, immo ut maior prioribus esses regibus; quippe emicuerant omni beneficiorum genere Francisci, Henrici, Ludovici, ut vix imitationi locus superesse videretur. Non modica regibus probis fortuna est tyrannorum in successionem devenire; quicquid enim recti per eos agitur, pusillum licet, comparatione crescit praeteritorum, et aliena vitia in praesentium virtutum laudem cedunt. Neque secus ac hyemalis tempestas verni solis muta est commendatio, improbi principes proborum gloriae inserviunt. At quum te praecessissent, Ludovice, tot virtutibus illustres reges, quid tibi iam in gloriae materiem supererat, nisi ut methodum virtutis novam rimarere? Collegisti iccirco et quod in eis praeclarum micabat, et quod homini praeclarum potest obvenire gloriosaque aemulatione.[158] Avis omnibus praecessisti. Meruisti post tot bonos principes optimus videri. Gaudent ii modo, et a superis, quo se receperunt, oris pro te influxibus pugnant, maioresque recensent inter glorias a te superari.[159] Neque ego, clarissimi Galliarum proceres, moderationem[160] in tanto principe referre contendam: [***12v***] iniuria enim

155 *Cyrus*: sostituzione interlineare (proseguiva con il cassato *Gynden*) apposta sopra il cassato *Xerses*. Emendamento citato dallo stesso Muratori in una lettera all'amico Gian Giacomo Tori, BEUMo, AM, 48.18, a stampa in *Epist.*, I, n° 22, p. 45: vedi *supra* l'*Introduzione*, § II.

156 Cassatura illeggibile.

157 Cassatura di *etenim*.

158 *aemulatione*: sostituzione interlineare del cassato *ultione* e della successiva virgola con il punto.

159 Testo cassato: *Sic magnus in magnis es factus, nec tamen in parvis parvus, et libere iam dicam, si cum animo tuo regna haec metiamur, parum, aut nihil videri iam possunt.*

160 *moderationem*: sostituzione interlineare del cassato *integritatem, ac parsimoniam*.

del Tirreno? Stupì, per così dire, la selva soccombendo, superati o tagliati a mezzo i monti, al vedere subentrati nuovi abitanti, e battuto dai remi e percorso dai pesci un immane spazio in precedenza ricettacolo di fiere. È stato tramandato che un tempo Nerone Claudio tentò di deviare le acque da Miseno al lago Averno e di costruire un canale dal medesimo lago fino a Ostia, su cui potessero transitare in direzione opposta le quinqueremi;[36] ma abbiamo anche appreso che l'imperatore romano, datosi per vinto, desistette da questa impresa, oltretutto così piccola. Anche Ciro suddivise in rivoli un fiume impetuoso e, facendogli pagare lo scotto dell'acqua troppo copiosa, l'assottigliò a tal punto da renderlo guadabile da chiunque, anche da un fanciullo.[37] Allo stesso modo abbiamo appreso di altri che, spinti da follia o da perversa ambizione, misero mano a grandi opere. Ma per lo più le realizzava non un grande animo, ma una grande fortuna. Tu, invero, in questo mirabile sforzo manifestasti soltanto l'intento di fare del bene, e, come se da Dio ti fosse stato riservato il compito di correggere i difetti delle terre e sistemare in modo migliore la simmetria del mondo, vagliata la futura utilità dell'opera, introducesti i mari nelle terre, e peraltro avesti unicamente in animo di recare giovamento. [***12r***] Capisco perfettamente, o grandissimo re: dal momento che tanto potevi, avresti giudicato incongruo per te se tanto non avessi voluto. Ché anzi avesti bisogno di essere ingegnoso nella generosità, per non risultare inferiore, o meglio per essere più grande dei re precedenti; invero si erano distinti per ogni sorta di benefici i vari Francesco, Enrico, Luigi, a tal punto che a mala pena pareva rimanesse spazio per imitarli. Non è fortuna dappoco per re virtuosi succedere a tiranni; infatti qualunque azione giusta sia da loro compiuta, ancorché piccola, a confronto coi predecessori s'ingrandisce, e i vizi altrui cedono il passo alla lode delle virtù presenti. E come la stagione invernale è un muto apprezzamento del sole primaverile, non diversamente i cattivi prìncipi rendono un servizio alla gloria dei buoni. Ma poiché ti avevano preceduto, o Luigi, tanti re illustri per le loro virtù, che cosa ti restava ormai in materia di gloria, se non ricercare un nuovo metodo di virtù? Perciò combinasti sia ciò che di eccellente brillava in loro, sia ciò che di eccellente può toccare a un uomo in sorte e per gloriosa emulazione. Superasti tutti gli antenati. Dopo tanti buoni prìncipi meritasti di apparire il migliore. Essi ora ne godono, e dalle plaghe celesti, dove hanno trovato dimora, combattono per te con le loro influenze, e annoverano tra le glorie maggiori l'es-

---

36 Svetonio, *Nero*, 31,3.

37 Erodoto, I 189; ma Muratori doveva conoscere l'episodio da Seneca, *De ira*, III 21,1-4.

maiorum videri virtutum posset minuta haec persequi. Nam etsi impiis[161] quandoque[162] regibus familiare sit[163] magnitudinem suam peccandi licentia metiri, attamen piis[164] abstinere non magnae laudis argumentum est, cum potius non facienti maior infamia, quam facienti gloria succedat. Prudentiam magis demirari lubet, omnium illius actorum comitem, immo effectricem. Ista regno concordiam peperit, ista faelicitatem omnibus comparavit et ab hac[165] una perculsi hostes expavescunt. Quid quod eximere sese haudquaquam sciunt ab armis victricibus, quae eorum instant regionibus, vel in eis potius libere spatiantur? Non iam ab omnibus sustinere, sed inferre omnibus bellum dici Ludovicus potest. Namque intra hostiles terras ab ipso disruptae pacis exordio eius detinentur exercitus, nec detinentur tantum, sed late imperant, tributa exigunt, annonam reportant, timentur, dominantur. Perge modo, rex gloriosissime, et multos in annos bellum produc tuum, quousque ab inimicorum manibus ensem eripiat vel taedium vel inopia, nobisque mirandum haud erit tantam bellandi in te constantiam intueri. Hostium est tuorum tibi commeatum, tibi vires belli sufficere, et novissime etiam[166] eorum navibus inaudito (ut consentiunt iidem victi) damno affectis, didicerunt ae[***13r***]quora, quod diu iam terrae consuerunt,[167] tibi in alias victorias modum suggerere. Belligerant itaque iidem hostes adversus se, et dum tu tot bellis distineris, ne unum quidem bellum intra regni tui fines continetur. Praeterea non[168] amplius, quod sub aliis regibus[169] contigit, domi furit malesana singularium certaminum simultas. Olim ne[170] in pace quidem[171] belli vitia deerant, quum inanis umbra honoris egregios duces,

---

[161] *minuta haec persequi. Nam etsi impiis*: sostituzione apposta parzialmente sopra il testo cassato e che prosegue a partire da *haec* con nota sul margine destro; testo cassato: *quemadmodum etiam de abstinentia meminisse, qua omnia sibi non licere usquequaque censuit, quia omnia licent impiis*.

[162] *quandoque*: cassato *quandoquidem*, con soprascrizione di *e* su *-idem*, parzialmente cassato.

[163] *familiare sit*: sostituzione interlineare del cassato *tantum domesticum est*.

[164] *attamen piis*: sostituzione interlineare del cassato *piis autem*.

[165] *hac*: aggiunta interlineare.

[166] Cassatura illeggibile (forse *iniuri*).

[167] *consuerunt*: sostituzione interlineare del cassato *percepere*.

[168] *Praeterea non*: sostituzione interlineare del cassato *Neque enim*.

[169] *regibus*: *regibibus* nel ms., per errore dittografico, ma con successiva cassatura del digramma duplicato *-ib-*.

[170] *Olim ne*: sostituzione interlineare di *Ne*.

[171] Cassatura di *olim*.

sere da te superati. Né io, o illustrissimi maggiorenti di Francia, mi sforzerò di raccontare la moderazione in così grande principe: [*12v*] potrebbe infatti sembrare un torto alle virtù più grandi trattare questi aspetti di minor conto. Benché infatti sia talora abituale per i re empi misurare la propria grandezza col metro della licenza di peccare, tuttavia per quelli virtuosi l'astenersene non è argomento di gran lode, dal momento che deriva maggiore infamia a chi non lo fa che gloria a chi lo fa. A me riesce più gradito ammirarne la saggezza, compagna, anzi autrice di tutte le sue imprese. Codesta virtù ha procurato la concordia al regno e ha garantito a tutti la felicità, e i nemici, da questa sola sgominati, si ritraggono intimoriti. Che dire del fatto che non sanno in alcun modo sbarazzarsi delle armi vittoriose che incombono sulle loro regioni, o meglio si muovono per ogni dove liberamente in quei territori? Si può affermare che Luigi non già può far fronte alla guerra intentatagli da tutti, bensì contro tutti muoverla. E infatti i suoi eserciti sono trattenuti all'interno di terre ostili fin dall'inizio stesso della violazione della pace, e non solo vi sono trattenuti, ma largamente comandano, riscuotono tributi, requisiscono il raccolto, sono temuti, signoreggiano. Continua ora, o gloriosissimo re, e prolunga per molti anni la tua guerra, fino a quando o il tedio o la mancanza di mezzi sottragga la spada alle mani dei nemici, e noialtri non dovremo meravigliarci di constatare in te tanta tenacia nel guerreggiare. È difetto dei tuoi nemici che tu abbia libero passaggio, che a te bastino le forze di guerra, e da ultimo, colpite le loro navi da un danno inaudito (come ammettono gli stessi sconfitti), [*13r*] anche i mari, cosa a cui già da tempo le terre sono avvezze, hanno imparato a suggerirti un modo per altre vittorie. Guerreggiano pertanto i medesimi nemici contro se stessi, e mentre tu sei impegnato in tante guerre, nemmeno una sola guerra ha luogo entro i confini del tuo regno.

Inoltre non infuria più in patria, cosa che capitò sotto altri re, la malsana competizione dei duelli.[38] Una volta neppure in tempo di pace man-

---

[38] Il riferimento va all'editto luigiano del 1679, che definì il duello crimine imprescrittibile in quanto lesivo delle prerogative regie. Per quanto l'«immagine oleografica di un Luigi XIV quale glorioso estirpatore della piaga dei duelli» fosse «forse un prodotto della sua accorta propaganda politica più che una realtà effettiva», come ha mostrato la «recente storiografia francese», tutta Europa salutò nell'editto «il più splendido e perentorio manifesto normativo contro gli scontri d'onore» (M. Cavina, *Il sangue dell'onore. Storia del duello*, Roma-Bari, Laterza, 2005, pp. 185-186). Proprio nell'anno in cui Muratori scriveva il *Panegyricus*, il marchese bolognese Giuseppe Maria Grimaldi poneva «a' piedi dell'invitta e vittoriosa maestà del re cristianissimo Luigi XIV il grande» la sua *Nuova asta d'Achille a soppressione del duello e della vendetta* (Bologna, Giulio Borzaghi, 1693). Vero è che già nel 1599 una deliberazione del Parlamento di Parigi, poi confermata dagli editti del 1602 e del 1609, aveva comminato ai duellanti la pena di morte e altre pene patrimoniali, e i successivi editti

fortissimos milites, primoresque Galliarum ad impiam compelleret necem. Noverunt tandem Galli fortiter non mori, qui dementer moritur, principique prudentissimo nunc debent, quod prudentes modo degant. Est honor quoddam virtutis patrimonium ita constitutum, ut a fama hominumque iudicio alimentum vitamque quaerat, isque honoratus habeatur, non qui virtutem tantum, sed qui virtutem cognitam aliis possideat. Corruperant istius usum populi tui, censebantque honorem ei[172] dumtaxat deferendum, quem ensis proprius, non virtus laudaret. Superbum illud fuit quemque suarum iudicem se statuere contumeliarum; stultum fuit, non honore dignum, uni ictui commendare cum fama vitam. Sciant modo te unicum honoris arbitrum gloriaeque suspiciendum. Tu labori, tu fortitudini praemio occurris, et vicissim ab omnibus curatur, ut per virtutem decus illud adquiratur, quod ab uno quondam certamine pendere credebatur. Quaevis nunc iniuriae hostili cruore proluuntur, vicibusque mutatis suae quisque virtutis non ab amico[*13v*]rum, sed ab hostium caede fidem poscit. Aemulari iam alter alterum potest, animoque vitae necisque contemptore gloriari, sed ut aemulationis fructum inimici tui sentiant. Sint quidem populi tui fortes, sint invicti, sint sibi tibique victores: hoc,[173] fortissime rex, mereris. Fortissimus cum ubique tu fueris, in tui imitatione quaerant ii persistere, et celebrabuntur. Sed et referre iuvat quam fortitudini moderationem coniunxeris. Quoties armis tuis cessere provinciae, patuit statim non a rapinis et stragibus, sed a beneficiis tuis te esse victorem. Cum potuisses omnia velle, nihil voluisti posse, et retinuisti, quod est difficillimum, ex victoria modum. Meum non est exprimere, quibus a tributis exemeris debellatas urbes, quos in gentem victam honores contuleris; dicam tantum, gravem te si quando inimica tellus experta fuerit, hoc eius obstinationi perfidiaeve contigisse. Utrumque magna, Ludovice, actum iustitia, et quod moderatus fere semper, et quod nonnunquam in hostem saevus fuisti. Par fuit ut te talem haberent, qualem aut obedentia aut pertinacia fecissent; paverent, quum amare abnuerent. Quodsi quidam populi rigore[174] unquam tuo obruti sunt, mirum est quanto nunc obsequio excusent quicquid contra inclytum[175] regem excogitarunt aut patrarunt, laborantque ne ingenio suo flagra

---

172 Cassatura illeggibile.

173 *victores: hoc*: testo sovrascritto su *victoriosi* e sostituzione della virgola con i due punti.

174 *rigore*: Tommaseo, pp. 315-316 n, trascrive erroneamente *vigore*.

175 *inclytum*: sostituzione interlineare del cassato *dignissimum*.

cavano i vizi della guerra, dal momento che la vana ombra dell'onore costringeva egregi condottieri, valorosissimi soldati e i maggiorenti di Francia a empia uccisione. I Francesi si sono finalmente resi conto che non muore da valoroso chi muore da stolto, e ora devono a un saggissimo principe il fatto di vivere al presente da saggi. L'onore è una sorta di patrimonio della virtù, costituito in modo tale che richiede alimento e vita dalla fama e dal giudizio degli uomini,[39] e onorato si ritiene non colui che soltanto possiede la virtù, ma colui che possiede una virtù dagli altri riconosciuta. Di codesto titolo i tuoi popoli avevano pervertito l'uso, e ritenevano che l'onore si dovesse tributare a colui cui la propria spada e non la virtù conferisse gloria. Fu tracotanza quel principio per cui ciascuno si ergeva a giudice delle offese arrecategli; fu stoltezza indegna di onore affidare a un solo colpo con la fama la vita. Sappiano solo che devono guardare a te come unico arbitro dell'onore e della gloria. Sei tu che ti proponi come premio alla fatica e al coraggio, e reciprocamente da parte di tutti ci si premura che venga acquisito grazie al valore quell'onore che un tempo si credeva dipendesse da una singolar tenzone. Offese qualsiasi ora si lavano col sangue nemico e, mutate le sorti, ognuno reclama l'autenticità del proprio valore non dall'uccisione degli amici, [*13v*] ma da quella dei nemici. Uno può senz'altro rivaleggiare con un altro e vantarsi di un animo spregiatore della vita e della morte, ma perché i tuoi nemici si rendano conto del frutto della rivalità. Siano bensì i tuoi popoli coraggiosi, siano invitti, siano vincitori per se stessi e per te: questo tu meriti, o coraggiosissimo re. Dal momento che coraggiosissimo tu fosti dovunque, cerchino essi di perseverare nell'imitarti e saranno celebrati.

Ma giova anche ricordare come tu abbia saputo coniugare la moderazione con il coraggio. Ogni qualvolta le province hanno ceduto alle tue armi, è apparso subito chiaro che tu eri vincitore non in seguito a rapine e stragi, ma in virtù dei tuoi benefici. Mentre avresti potuto volere tutto, non volesti potere nulla e, cosa che è difficilissima, dopo la vittoria conservasti la misura. Non è mio compito enumerare da quali tributi tu abbia esentato

---

del 1643 e del 1651 avevano negato il diritto alla sepoltura non solo ai deceduti nel corso di un duello ma anche ai padrini e ai secondi.

39 La definizione, che ricorda un *dictum memorabile* di Valerio Massimo («virtutis uberrimum alimentum est honos», Val. Max. *Facta et dicta memorabilia*, 2.6.5.5), manca sia all'*Introduzione alle paci private* sia alla *Pubblica felicità*, ma la sua sostanza è in un discorso accademico giovanile, probabilmente degli anni milanesi, dove il «vero onore», distinto dall'«onor superficiale» e da quello «falso», è detto «una buona opinione et estimazione che gli altri hanno o mostrano di noi, meritata dalle nostre virtù morali»: L.A. MURATORI, *Il vero onore*, in ID., *Orazioni giovanili*, a cura di M. Al Kalak, Roma, Edizioni di storia e letteratura, 2017, pp. 19-28: 22.

meruisse videantur. Noscunt quam iusto principi obtemperetur, tuaque iustitia freti convolant in arma, me[**14r**]liore pro causa standi iamdudum certi. Atque ego quidem in hac una iustitia tua universum praestringam decus tuum, quod adeo hucusque crevit, ut reliquum vitae tuae in otio traducere satis gloriosus posses, nisi illustres magnaeque animae regalium fluminum imitarentur[176] cursum,[177] quae quo plus[178] procedunt,[179] eo[180] uberiori fluctu augentur, alveique dignitate luculentius[181] distinguuntur. Nullum nequaquam moliris opus, quod iustitia non instruxerit, totique orbi animadversum iam est, quam iustus bella suscipias, quam iustus bella consummare exoptes. Obtinuisti ut te semper crederemus pacem non rupisse, ut bella gereres, sed bella gerere, ut pace potiaris. Huc tandem, iustissime Ludovici nostri Ludovice parens, a sydereis sedibus oculos adverte,[182] et si qua tibi iustitiae cupido ac amor fuit (qui certe summus fuit) iustissimam intuere sobolem tuam; mirare quam bene haereditaria virtus in gnatum cesserit. Commendaberis in diem tu quoque magis, quum cogitabunt posteri qualis tanti filii pater futurus esset. Meminerint, quam sit iste fortis, quam benignus, quam beneficus, quam iustus, scientque in huius virtutibus paternas virtutes delineatas esse.

Verum in nimiam me hactenus orationem rapuit ubertas laudum, quae magnum regem ornat[183] vicissim; nunquam tamen magis me pauca de te dixisse, Ludovice, comperi, quam post tot tantaque de te prolata. Beneficio patientiae tuae [**14v**] abusus maximum iamdiu tulissem temeritatis documentum, nisi et mitissimam audientis naturam compertam haberem. Non invideat tamen mihi hodie, neve aegre ferat[184] Gallia[185] sermonis contumaciam, mihique impune licuerit totos magnanimo spectaculo implevisse oculos. Ecquid enim splendidius mihi in votis contingeret, quam regis magni aspectum mihi usurpare diuque

---

[176] Cassato *toties*.

[177] *cursum*: nel ms., la desinenza *-um* sostituisce la *-us*, e vi è aggiunta una virgola.

[178] *plus*: sostituzione interlineare del cassato *magis*.

[179] Cassatura illeggibile (forse *hoc*).

[180] *eo*: inserito all'esterno, sul margine sinistro.

[181] *luculentius*: sostituzione interlineare del cassato *magis*.

[182] Nell'espressione si risente l'eco dell'*illos tuos misericordes oculos ad nos converte* del *Salve Regina*.

[183] *ornat*: cassatura di *n* (*ornant*).

[184] *ferat*: sostituzione interlineare del cassato *tulerit*.

[185] Testo cassato: *ingentem admodum fortunam meam, piam sustineat*.

città sconfitte, quali onori tu abbia conferito a una popolazione vinta; dirò soltanto che, se mai una terra nemica ha sperimentato la tua severità, questa sorte è toccata alla sua ostinazione o perfidia. In entrambe le situazioni, o Luigi, la tua azione fu improntata a grande giustizia, nell'essere stato sia quasi sempre moderato, sia talora impietoso nei confronti del nemico. Fu naturale che ti considerassero tale, quale ti avevano reso o per obbedienza o per caparbietà; che ti temessero, quando si rifiutavano di amarti. Che se certi popoli sono mai stati abbattuti dal tuo rigore, è sorprendente con quanta obbedienza vogliano ora farsi perdonare tutto ciò che escogitarono o perpetrarono contro l'inclito re, e si affannino[40] per non sembrare di aver meritato le sferzate per la loro indole. Riconoscono a che giusto principe si presti obbedienza e, confidando nella tua giustizia, corrono ad arruolarsi, [**14r**] certi ormai da tempo di stare in favore di una causa migliore. E io senz'altro compendierò in questa sola tua giustizia tutto quanto il tuo onore, che fino a oggi è cresciuto a tal punto che potresti trascorrere il resto della tua vita nell'ozio abbastanza coperto di gloria, se non fosse che le anime illustri e grandi imitano il corso dei fiumi maestosi, che quanto più avanzano, tanto più aumentano di portata, e si distinguono più magnificamente per l'imponenza del loro alveo. Tu non intraprendi in nessun modo alcuna impresa che la giustizia non abbia predisposto, ed è stato già osservato dal mondo intero come da giusto tu intraprenda le guerre e da giusto brami concluderle. Hai ottenuto di farci sempre convinti che non hai mai violato la pace per condurre le guerre, ma conduci le guerre per conseguire la pace. Qua infine, o giustissimo Luigi padre del nostro Luigi, volgi lo sguardo dalle sedi celesti, e se mai possedesti brama e amore di giustizia (e certo l'avesti in sommo grado), guarda alla tua giustissima prole; ammira come l'ereditaria virtù sia felicemente passata a tuo figlio. Sarai anche tu sempre più apprezzato di giorno in giorno, quando i posteri penseranno quale dovesse essere il padre di così grande figlio. Si rammenteranno quanto questi sia coraggioso, quanto benevolo, quanto generoso, quanto giusto, e sapranno che nelle sue virtù sono disegnate le stesse virtù del padre.

Ma sin qui la dovizia di lodi mi ha trascinato in un'orazione sovrabbondante, che d'altronde rende onore a un gran re; tuttavia non mi sono mai reso maggiormente conto di aver detto su di te poche cose, o Luigi, che dopo aver citato a tuo riguardo tante e tanto grandi imprese. Abusando del beneficio della tua pazienza, [**14v**] avrei già da tempo fornito il più grande

---

40 Il ms. ha l'indicativo *laborantque*, molto probabilmente più per *variatio* stilistica che per *lapsus calami*. La resa a testo, «si affannino», intende esplicitare la dipendenza – logica, se non formalmente sintattica – del verbo dal *mirum est* («è sorprendente») che precede.

frui? Vultu, inquam, illo frui certo victoriarum assertore, inimicis terribili, amicis amabili. Non aliud potuit natura praestantius et par magnae menti domicilium eniti, non magnificentius regalis fortuna componere. Hinc amandi rationem populi ducunt, hinc innocentiam scelestus haurit, quumque totus animi et oris tenor in maiestatem exierit, primo aspectu etiam, qui nunquam alias aspexerit, magnum virum potest extemplo dignoscere, potest Ludovicum. Equidem Italico redditus solo infra dignitatem quidem, sed tamen narrare non desistam, quam multiplex miraculum inspexerim, quantum patientiae tuae argumentum sim expertus, quam generosis filiis nepotibusque regiam aulam impleveris, historiaeque, quibus nunc premor, stupores communicabo, seu potius dicam, in desperationem[186] traham, quoscunque audiam laudibus tuis insudare concinnandis. Quo mihi enim pacto narrandi ambitionem fugere licebit? at quo etiam pacto de te dicentium temeritatem sustineam, quum sibi omnis iam conscia sit eloquentia, universorum a te prae[***15r***]conia superari? Aeterni fulgentesque caelorum incolae, quorum ope mortalia stant regna, quibusque praecipue Gallicum est cordi imperium, diu magnum hunc servate populis regem, servate infidis terrorem, certum fidei propugnaculum servate. Vestra interest caelique totius sospitem optimum regem tutari, et postquam ab ipso vitae primordio vestrum iste meruit munus noncupari, tale a diuturnitate perspiciatur. Floreant pace, timeantur bello gratissimae vobis Galliarum provinciae, tandemque aliquando domita haeresis frendat, immortalisque religionis imperio procumbat; seu, ut brevius omnia concipiantur vota, Ludovicus vivat.

Dixi.

Fatica giovanile. Qualche pezzo v'ha tollerabile. Il tutto nulla vale.[187]

---

186 Cassatura illeggibile (forse *rapiam*).

187 Nota inserita tardivamente con una scrittura dal *ductus* più posato e di tratto più marcato.

esempio di temerarietà, se non conoscessi con certezza anche la mitissima natura di chi mi ascolta. Tuttavia non me ne voglia oggi la Francia, né sopporti di malanimo l'arroganza del mio discorso, e mi sia stato impunemente concesso l'avere totalmente appagato gli occhi di un magnanimo spettacolo. Che cosa mai, infatti, di più splendido sarebbe potuto accadere nei miei desideri che appropriarmi della vista del gran re e a lungo goderne? Godere, dico, di quello sguardo sicuro garante di vittorie, terribile per i nemici, amabile per gli amici. Non avrebbe potuto la natura dare alla luce altro abitacolo più insigne e adeguato a una grande mente, non uno più splendido foggiarne la fortuna del sovrano. Da qui i popoli traggono ragione per amarti, da qui lo scellerato attinge l'innocenza, e poiché tutto quanto il contegno del tuo animo e del tuo volto si è tradotto in maestà, anche al primo sguardo chi mai ti abbia altrimenti veduto può immediatamente riconoscere il grande uomo, può riconoscere Luigi. Per parte mia, una volta restituito al suolo italico,[41] certo in modo inadeguato al merito, ma tuttavia non desisterò dal raccontare quale multiforme miracolo io abbia osservato, quanto grande prova della tua pazienza abbia sperimentato, di che generosi figli e nipoti tu abbia colmato la reggia, e affiderò alla storia le meraviglie da cui sono ora circondato, o, per meglio dire, spingerò alla disperazione quanti mi giunga voce che si affannano a decantare le tue lodi. Come potrò infatti sottrarmi all'ambizione di raccontare? Ma ancora, come potrei sopportare la temerarietà di coloro che parlano di te, quando tutta l'eloquenza è ormai consapevole che gli encomi di tutti quanti sono da te [*15r*] superati? Eterni e luminosi abitanti dei cieli, sul cui aiuto si reggono i regni mortali e a cui l'impero francese sta particolarmente a cuore, conservate a lungo questo grande re ai suoi popoli, conservate il terrore per gli infedeli, conservate questo sicuro baluardo della fede. È interesse vostro e del cielo intero proteggere l'incolumità dell'ottimo re, e dopo che dal principio della sua vita egli meritò di essere chiamato vostro dono, tale sia riconosciuto dai secoli a venire. Prosperino in pace, siano temute in guerra le province della Francia a voi tanto care, e una buona volta sgominata l'eresia frema infine di rabbia e si pieghi alla supremazia dell'immortale religione; ossia, per riepilogare più in breve tutti questi auspici, viva Luigi.

Fine

41 Si noti, reiterata qui *in cauda*, la finzione di una recita parigina del panegirico al cospetto del sovrano.

INDICE DEI NOMI DI PERSONA E DI LUOGO*

* I toponimi occorrenti nel testo latino del *Panegirico* sono riportati alla forma italiana solo se questa sia tuttora in uso (*Catalaunia* > *Catalogna*, e non lo spagnolo *Cataluña*; *Nicaea* > *Nizza*, e non il francese *Nice*, ecc.; ma *Philisburgus* > *Philippsburg* in luogo del desueto *Filisburgo*), e indicati in carattere maiuscoletto; in tondo sono posti quelli presenti nel resto del volume. Non sono indicizzati i nomi di Lodovico Antonio Muratori e di Luigi XIV. Dei toponimi non citati come meri nomi di luogo ma come semplici determinazioni antonomastiche di eventi o fatti avvenuti o legati a quei luoghi è data l'indicazione estesa (*Rastatt, pace di*).

FINITO DI STAMPARE
PER CONTO DI LEO S. OLSCHKI EDITORE
PRESSO ABC TIPOGRAFIA • CALENZANO (FI)
NEL MESE DI DICEMBRE 2024

Centro di Studi Muratoriani

Modena

BIBLIOTECA DELL'EDIZIONE NAZIONALE DEL CARTEGGIO DI L. A. MURATORI

1. *L. A. Muratori e la cultura contemporanea*. Atti del Convegno Internazionale di studi muratoriani. 1972. 1975, IV-364 pp.
2. *L. A. Muratori storiografo*. Atti del Convegno Internazionale di studi muratoriani. 1972. 1975, IV-484 pp.
3. *La fortuna di L. A. Muratori*. Atti del Convegno Internazionale di studi muratoriani. 1972. 1975, IV-368 pp.
4. Alphonse Dupront, *L. A. Muratori et la société européenne des pré-lumierès. Essai d'inventaire et de typotogie d'après l'«Epistolario»*. 1976, VIII-160 pp.
5. *Accademie e cultura. Aspetti storici tra sei e settecento*. 1979, IV.292 pp.
6. L. A. Muratori - P. Gherardi - G. Crispi e altri, *Vocaboli del nostro dialetto modanese*. Con appendici reggiana e ottocentesche modenesi, a cura di F. Marri, M. Calzolari, G. Trenti. 1984, 344 pp.
7. *Il buon uso della paura*. Per una introduzione allo studio del trattato muratoriano «Del governo della peste». 1990, VI-166 pp.
8. *Per formare un'istoria intiera*. Testimoni oculari, cronisti locali, custodi di memorie private nel progetto muratoriano. Atti della I giornata di studi muratoriani (Vignola, 23 marzo 1991). 1992, VIII-280 pp.
9. *Il soggetto e la storia*. Biografia e autobiografia in L. A. Muratori. Atti della II giornata di studi muratoriani (Vignola, 23 ottobre 1993). 1994, VI-226 pp.
10. *Corte, buon governo, pubblica felicità*. Politica e coscienza civile nel Muratori. Atti della III giornata di studi muratoriani (Vignola, 14 ottobre 1995). 1996, VI-286 pp.
11. Chiara Continisio, *Il governo delle passioni. Prudenza, giustizia e carità nel pensiero politico di Lodovico Antonio Muratori*. 1999, VIII-324 pp.
12. Paolo Golinelli, *Benedetto Bacchini (1651-1721). L'uomo, lo storico, il maestro*. 2003, XII-212 pp.
13. L. A. Muratori, *Delle forze dell'intendimento umano, o sia il pirronismo confutato*. Presentazione di F. M. Crasta. A cura di A. Lamberti. 2020, XXIV-234 pp.
14. L. A. Muratori, *Della forza della fantasia umana*. Presentazione di F. M. Crasta. A cura di A. Lamberti. 2020, XXIV-168 pp.

15. *Muratori tra storia e religione*. Atti della Giornata di studi muratoriani (Modena, 3 novembre 2020). A cura di F. Marri. 2021, VI-256 pp. con 14 figg. n.t.

16. L. A. Muratori, *Panegirico per Luigi XIV (1693-1694)*. A cura di C. Viola. Testo originale latino con versione italiana di G. Burzacchini. Premessa di F. Marri. 2025, VI-96 pp. con 2 figg. n.t.